AF276457

ACCESO GRATIS a la Lectura en la Nube

Para visualizar el libro electrónico en la nube de lectura envíe junto a su nombre y apellidos una fotografía del código de barras situado en la contraportada del libro y otra del ticket de compra a la dirección:

ebooktirant@tirant.com

En un máximo de 72 horas laborales le enviaremos el código de acceso con sus instrucciones.

Fundamentos y deontología del trabajo social

Esther Bódalo Lozano
Carmen Caravaca-Llamas

Fundamentos y deontología del trabajo social

tirant humanidades
Valencia, 2026

© Esther Bódalo Lozano
Carmen Caravaca-Llamas

© TIRANT HUMANIDADES
EDITA: TIRANT HUMANIDADES
C/ Artes Gráficas, 14 - 46010 - Valencia
TELFS.: 96/361 00 48 - 50
FAX: 96/369 41 51
Email: tlb@tirant.com
www.tirant.com
Librería virtual: www.tirant.es
DEPÓSITO LEGAL: V-5094-2025
ISBN: 978-84-1081-892-7
MAQUETA: Innovatext

Si tiene alguna queja o sugerencia, envíenos un mail a: atencioncliente@tirant.com. En caso de no ser atendida su sugerencia, por favor, lea en *www.tirant.net/index.php/empresa/politicas-de-empresa* nuestro Procedimiento de quejas.

Responsabilidad Social Corporativa: *http://www.tirant.net/Docs/RSCTirant.pdf*

Índice

Capítulo 4
Técnicas e Instrumentos de Análisis e Intervención Social

Capítulo 5
La Ética en Trabajo Social

Introducción

El Trabajo Social es una disciplina y una profesión que ha evolucionado a lo largo del tiempo, en respuesta a los cambios sociales, políticos y económicos. Su objetivo principal es promover el bienestar humano y social, mediante la intervención con individuos, familias, grupos y comunidades, fortaleciendo sus capacidades, mejorando sus condiciones de vida y luchando por la justicia social porque es, ante todo, una disciplina comprometida con las personas, las comunidades y la transformación social.

La madurez alcanzada por el Trabajo Social, tanto en el ámbito profesional como en el académico, nos ofrece un conjunto de indicadores que ponen de manifiesto la relevancia de esta disciplina aplicada y científico-social. Entre dichos indicadores se destacan la conformación de asociaciones y organismos internacionales, la consolidación de una formación especializada y el incremento de investigaciones sobre esta área.

La complejidad de los escenarios sociales caracterizados por desequilibrios demográficos, cambios producidos por el desarrollo económico y las consiguientes modificaciones en la estratificación social, las nuevas patologías de la modernidad, el individualismo, el privatismo y las nuevas migraciones, exige que se ofrezcan mayores y mejores respuestas de los profesionales dedicados al estudio e intervención en este ámbito, así como mayores niveles de preparación profesional y científica. La profesión de Trabajo Social debe pensar hoy en cómo formar criterios y competencias para actuar reflexivamente sobre los problemas nuevos y diversos de la realidad social.

En un contexto de cambios constantes, de nuevas formas de vulnerabilidad y de desigualdad, la comprensión de los fundamentos teóricos y prácticos del Trabajo Social resulta muy necesaria. Este libro nace con el propósito de ofrecer una visión clara y sencilla, pero a la vez rigurosa y accesible a los pilares que sustentan la profesión. A lo largo de sus cinco capítulos, pretende proporcionar al alumnado de primer curso del Grado en Trabajo Social, un punto de partida esencial para situar los fundamentos conceptuales de la profesión, comprender sus fines, y reconocer su papel como disciplina clave en la construcción de una sociedad más justa e inclusiva.

En primer lugar, se analizan sus principales definiciones desde diferentes perspectivas, lo que permite comprender su evolución y su papel actual en la sociedad. Invita, además, a reflexionar sobre la identidad profesional, destacando la importancia de comprender qué significa ser trabajador social hoy, en un contexto de transformación y de creciente complejidad social.

Seguidamente, el texto explica el proceso de intervención social. Profundiza en las características y funciones del profesional, describiendo las competencias que definen su práctica profesional y los actores implicados en la intervención. Esto sirve como paso previo a la descripción del método en Trabajo Social. Es decir, se detallan las fases que componen el proceso metodológico que guía la intervención social: estudio, diagnóstico, planificación, ejecución, evaluación y seguimiento.

En el tercer capítulo se abordan los diversos ámbitos de actuación en los que el Trabajo Social despliega su potencial transformador: desde los escenarios considerados clásicos por su origen como servicios sociales, atención a la familia y el menor, hasta sectores de intervención actualmente reconocidos o de reciente trayectoria como dependencia, salud o educación.

El siguiente capítulo se dedica a las principales técnicas e instrumentos de trabajo, indispensables para la acción fundamentada, rigurosa y eficaz. Estas herramientas constituyen la base metodológica que permite al profesional analizar la realidad, planificar sus intervenciones y evaluar los resultados obtenidos de manera objetiva y sistemática. No obstante, la técnica por sí sola no basta: el Trabajo Social se sostiene también en una profunda dimensión ética que guía las decisiones, las relaciones con las personas y su responsabilidad.

Por esto, se reserva el último capítulo de forma completa a la enseñanza de la ética en el Trabajo Social, entendida no solo como un conjunto de normas, sino como una reflexión permanente sobre los valores que deben inspirar la práctica como la dignidad humana, la justicia social, la equidad y la libertad. Este apartado invita a pensar la ética como un proceso vivo, que acompaña al profesional a lo largo de su trayectoria, ayudándole a afrontar dilemas morales y a actuar de manera coherente con los principios de la profesión. Asimismo, se aborda el Código Deontológico del Trabajo Social, documento que recoge las normas y deberes que orientan la conducta profesional en su relación con las personas, las instituciones y la sociedad. También se analiza su estructura, sus principales apartados y su función como marco de referencia para garantizar un ejercicio responsable, comprometido y transparente.

En definitiva, este libro no solo pretende transmitir conocimiento, sino también despertar reflexión, sensibilidad y compromiso entre el alumnado. Constituye una invitación a mirar la realidad desde la perspectiva del Trabajo Social: una mirada que une ciencia, valores y acción, con la convicción de que cada intervención puede contribuir al bienestar individual y colectivo, y a la construcción de una sociedad más justa e inclusiva.

Capítulo 1

Trabajo Social: concepto, naturaleza y finalidad

1.1. Conceptualización del Trabajo Social

El Trabajo Social nació a finales del siglo XIX y principios del XX como respuesta a la pobreza urbana y las desigualdades sociales generadas por la industrialización. Desde sus orígenes hasta la actualidad encontramos diversos términos que hacen referencia al Trabajo Social. La variedad de conceptos del término Trabajo Social, son el resultado de un proceso histórico marcado por transformaciones sociales, económicas y políticas, así como por el avance de las ciencias sociales. Como señala Natividad De la Red (1993), la configuración del concepto de Trabajo Social ha sido el resultado de la presencia constante de diversos factores fundamentales a lo largo de su desarrollo histórico:

- Las distintas formas de intervención social y de ayuda que han surgido en cada etapa.

- Los valores dominantes en torno a la persona.

- Las diversas situaciones de necesidad o de vulnerabilidad psicosocial que han sustentado el derecho de las personas a recibir apoyo por parte del Estado.

- Los avances en las ciencias sociales que han proporcionado los fundamentos teóricos y metodológicos para la práctica profesional.

La tarea de conceptualizar la disciplina del Trabajo Social no es sencilla, ya que su carácter diverso y cambiante dificulta llegar a una definición única (Arias Astrai, 2024). Entre los aspectos que podemos encontrar que dificultan su definición señalamos:

- El Trabajo Social es una profesión que ha cambiado de forma significativa a lo largo de la historia.

- Desde sus inicios se ha organizado en distintas especialidades, relacionadas con los ámbitos en los que interviene.

- Comparte su espacio de intervención con otras disciplinas.

- Está vinculada con una profesión, y adquiere su sentido a partir de la misma (De Las Heras, 2009).

- A lo largo del tiempo también han surgido debates sobre si el Trabajo Social debe entenderse como práctica, teoría o una combinación de ambas; sobre qué tipo de acción lo define y qué teorías forman parte de su base conceptual (Campo Antoñanzas, 1978).

- Sus ámbitos de actuación son muy variados: educación, salud, exclusión social, dependencia, medio ambiente, vivienda, empresa, tercer sector, entre otros.

- La población a la que dirige su atención es diversa: personas migrantes, mayores, personas sin hogar, infancia, víctimas de violencia, personas privadas de libertad o con problemas de adicciones, entre otros colectivos.

- El Trabajo Social se desarrolla en contextos culturales y sociales muy diferentes (Díaz, 2022; Lorenz et al., 2021; Shek, 2017).

- Su desarrollo ha tenido lugar en todos los continentes y países del mundo (Miranda, 2013).

- El uso indistinto de determinados términos, como política social, bienestar social, acción social, asistencia social, servicios sociales y trabajo social, ha generado cierta confusión conceptual.

- El campo de lo social es un vasto y complejo campo común, a la vez que particular, de las distintas disciplinas afines a las ciencias sociales. El Trabajo Social opera sobre una realidad dinámica y cambiante, conflictiva y multidimensional, lo que hace que su concepto esté estrechamente ligado a la realidad histórica y a las situaciones sociales (Díaz Bolaños et al., 2006: 80).

El concepto de Trabajo Social: como arte, ciencia y técnica

El concepto de Trabajo Social lo han abordado diversidad de autores desde distintas perspectivas teóricas y prácticas. Encontramos numerosas definiciones, cada una enfatiza aspectos diferentes en función del ámbito tomado como referencia y del énfasis asignado a determinados enfoques teóricos y/o metodológicos. A continuación, vamos a hacer referencia a tres definiciones de Trabajo Social que son las más extendidas en nuestro entorno.

Según la Federación Internacional de Trabajadores Sociales (FITS), el Trabajo Social es:

> Una profesión basada en la práctica y una disciplina académica que promueve el cambio y el desarrollo social, la cohesión social, el empoderamiento y la liberación de las personas. Los principios de justicia social, derechos humanos, responsabilidad colectiva y respeto por las diversidades son fundamentales para el trabajo social. Respaldada por teorías del trabajo social, las ciencias sociales, las humanidades y los conocimientos indígenas, el trabajo social involucra a las personas y las estructuras para enfrentar desafíos de la vida y mejorar el bienestar (FITS, 2014).

Para la FITS y AIETS, el Trabajo Social se basa en el respeto al valor y dignidad inherentes a toda persona y a los derechos que de ello se desprenden. Los/as trabajadores/as sociales deben apoyar y defender la integridad y el bienestar físico, psicológico, emocional y espiritual de cada persona. De acuerdo con De la Paz (2011), esto significa identificar y desarrollar sus fortalezas, por lo que el/la profesional del Trabajo Social debe intervenir con el objetivo de potenciar las capacidades de las personas, grupos o comunidades con las que trabajemos, favoreciendo su autorrealización y empoderamiento. Esta definición enfatiza el carácter dual del Trabajo Social como disciplina académica y como práctica profesional, anclada en valores éticos y con una orientación transformadora.

El Código Deontológico del Trabajo Social español en su artículo cinco define el Trabajo Social como:

> El Trabajo Social es la disciplina científico-profesional que promueve el cambio social, la resolución de problemas en las relaciones humanas y el fortalecimiento y la liberación de las personas para incrementar el bienestar. Mediante la utilización de teorías sobre comportamiento humano y los sistemas sociales, el trabajo social interviene en los puntos en los que las personas interactúan con su entorno (2012: 7-8).

La definición establecida en el Código Deontológico español subraya que el ámbito de intervención del Trabajo Social se configura en los espacios donde se produce la interacción entre las personas y su entorno. Este planteamiento es importante, porque la profesión puede ejercerse en todos los ámbitos sociales, porque en todos ellos se manifiesta la interacción entre la persona y su contexto.

La última definición a la que haremos referencia es la de Hernández Aristu (2012: 515-516), recogida en el Diccionario de Trabajo Social:

> Se trata de una profesión que, desde la unidad de visión y de acción, aplica el conocimiento científico a la intervención integral a nivel micro y macrosocial. Desde la prevención, la asistencia y la rehabilitación aspira a mejorar las condiciones de vida y el bienestar de la población, utilizando para ello de forma científica las me-

didas, los recursos o soluciones más efectivas, promoviendo las redes sociales, la capacitación, el empoderamiento, la participación, la cohesión social y la democracia más amplia posible. (...) Constituyen, por otra parte, el objeto del trabajo social las potencialidades, las fortalezas, los recursos y las necesidades en su dimensión positiva.

Hernández Aristu (2012) identifica como funciones centrales del Trabajo Social la prevención, la asistencia y la rehabilitación de las personas, y plantea como instrumentos para su cumplimiento la capacitación, el empoderamiento y la participación. Asimismo, define como objeto de la profesión el estudio y fortalecimiento de las potencialidades, recursos y necesidades, abordados desde una perspectiva positiva.

Tabla 1. Comparativa de las definiciones de Trabajo Social

	Rasgos propios	Rasgos comunes
FITS, 2014.	– Destaca los conocimientos indígenas como fuente. – Hace referencia a la responsabilidad colectiva y al respeto de la diversidad.	– Distinción entre la práctica y el conocimiento científico. – Uso de las ciencias sociales y sus teorías. – Incrementar el bienestar de las personas/población. – Implicación del nivel micro y macrosocial. – Importancia de la cohesión social. – Importancia de las relaciones humanas y el entorno. – La finalidad de cambio social. – Búsqueda de la democracia y justicia social
Código Deontológico del Trabajo Social en España, 2012.	– Menciona el ámbito de intervención: donde las personas interactúan con el entorno	
Hernández Aristu, 2012.	– Refiere a la prevención, asistencia y rehabilitación. – Usa la capacitación, el empoderamiento y la participación. – Habla de los recursos de la profesión. – Destaca el objeto del Trabajo Social (lo que es para él dicho objeto).	

Fuente: López (2021).

Para comprender la naturaleza del Trabajo Social de forma integral, es útil analizarlo desde varias dimensiones: como arte, como profesión, como tecnología social y como disciplina científica. Aunque cabe señalar que los elementos artísticos, técnicos, profesionales y científicos, no son excluyentes en el concepto de Trabajo Social. Cada una de estas dimensiones está relacionada entre sí y se complementan en la intervención profesional. Como arte, requiere sensibilidad, empatía y creatividad; como disciplina científica, se fundamenta en teorías que explican la estructura y dinámica social; como tecnología social se fundamenta en la praxis y como profesión cuenta con unas características que la definen.

1.1.1. El Trabajo Social como arte

El Trabajo Social desde sus comienzos buscó acercarse a su objeto de conocimiento a través de la triple dimensión estética, ética y científica (Howe, 1999).

La mirada tecnocientífica del Trabajo Social, centrada en una razón objetiva y universal, resulta limitada para comprender plenamente los fenómenos sociales y a las personas con quienes trabajamos. Es necesario incorporar dimensiones estéticas y artísticas, presentes en la vida humana, que nos ayuden a construir nuevos saberes, significados y formas de percibir la realidad. Es fundamental reconocer que los/as profesionales del Trabajo Social puede asumir funciones creativas y de innovación como un tipo de "competencias" que permitan que las intervenciones que lleven a cabo sean más eficientes y rentables (Sangrà, 2021).

Esta dimensión artística de la profesión alude a la parte humana, intuitiva y creativa de la intervención porque, más allá de aplicar métodos sistemáticos, los/as trabajadores/as sociales social debe tener sensibilidad ante la singularidad de cada situación, empatía, y capacidad de generar vínculos significativos con las personas y comunidades con las que trabaja, de adaptar sus intervenciones a contextos cambiantes y de encontrar soluciones originales a problemas complejos.

Mary Richmond, desarrolló un enfoque metódico del Trabajo Social en su obra Social Diagnosis, enfatizando la importancia de la ciencia, en el análisis profundo de la realidad y en una intervención estratégica, también le dio valor a los aspectos artísticos y humanistas inherentes a la profesión (Richmond, 1917). Esta autora reconocía la importancia del juicio individual, la empatía y la capacidad de adaptación. De esta forma, definía la profesión como "el arte por el que se realiza una acción con y para personas diferentes colaborando con ellos para lograr al mismo tiempo su mejora y el de la sociedad".

Una de las grandes aportaciones de esta autora son sus planteamientos respecto a la práctica del Trabajo Social que suponen un gran avance conceptual, se trata de la necesidad de analizar las situaciones complejas que presentan los individuos desde su propio punto de vista, desde la apertura del yo, teniendo en cuenta la propia experiencia del sujeto (Sangrà 2021).

Lydia Rapoport (1968), en su obra Creativity in Social Work, refleja la naturaleza común del Trabajo Social y el arte, donde reconoce en ambas prácticas similares características en lo que respecta a la exploración de la subjetividad. La autora señala que el Trabajo Social comparte con la práctica artística elementos esenciales como la expresividad, la comunicación y la capacidad de generar transformación. Desde una visión comunitaria, concibe al Trabajo Social y al arte como valiosos instrumentos de cambio en la sociedad. Reconoce el papel del Trabajo Social como un agente potente en la transformación y el cambio de estructuras institucionales.

Otra autora que enfatiza los elementos artísticos es Hugh England (1986), en su obra Social Work as Art, concreta los conocimientos artísticos de los/as trabajadores sociales en elementos como la intuición, la imaginación, la creatividad y la (auto)expresión. Frente a la ciencia tradicional de carácter positivista, y desde una perspectiva crítica, defiende que el arte aporta al Trabajo Social un paradigma distinto basado en el reconocimiento de la subjetividad, permitiendo ver al otro como sujeto. De esta manera el profesional co-crea una historia compartida con el usuario, por medio de un proceso sensible e intersubjetivo en el cual trata de comprender los significados de las comunicaciones de las personas, como entienden, experimentan y dan sentido al mundo (Sangrà, 2021).

1.1.2. El Trabajo Social como profesión

Cuando nos referimos al Trabajo Social, en muchas ocasiones lo vinculamos más con una profesión que con una disciplina, ya que lo que dota de sentido a la disciplina es su ejercicio profesional y todo lo que necesita para su adecuado desarrollo (Arias Astrai, 2024).

La intervención del Estado en la gestión de la política social fue un elemento clave para impulsar la profesionalización del Trabajo Social. El surgimiento en 1869 de las Sociedades de Organización de la Caridad (Charity Organization Society) marcó el verdadero inicio del proceso de institucionalización del Trabajo Social como profesión. En este contexto apareció la figura del denominado "charity worker" o "friendly visitor", que después sería el/la trabajador/a social. A partir de la organización y tecnificación de la ayuda social, surgió la necesidad de contar con personal especializado capaz de asumir estas funciones. A lo largo del siglo XX, gracias a los avances en esta disciplina, el Trabajo Social consolidó su identidad como profesión.

García Salord (1998), define seis cuestiones que son las bases del Trabajo Social como profesión:

- Un conocimiento especializado sustentado en un cuerpo (marco) teórico y metodológico.

- La práctica profesional que se lleva a cabo en el ámbito de la intervención social.

- El currículo de las instituciones educativas que expresa el tipo de formación profesional que se ofrece en un área específica de desempeño.

- Un mercado de trabajo como espacio donde se ofertan y demandan determinadas capacidades, habilidades y conocimientos.

- Una identidad profesional como un conjunto de rasgos distintivos que caracterizan a una profesión.

- El estatus profesional entendido como el reconocimiento que recibe la profesión desde la sociedad, fuera del propio ámbito laboral.

La Organización de las Naciones Unidas en el año 1958, recoge una de las primeras definiciones relativas a la profesión como:

> Actividad organizada cuyo objetivo es contribuir a una adaptación mutua entre los individuos y su medio social, objetivo que se logra mediante el empleo de técnicas y métodos destinados a que el individuo pueda satisfacer sus necesidades y resolver sus conflictos (Organización de las Naciones Unidas, 1958: 41).

En 1982 en la Asamblea General de la Federación Internacional de Trabajadores Sociales (FITS), el Trabajo Social fue recogido en la Clasificación Internacional Uniforme de Ocupaciones de la Oficina Internacional de Trabajo (OIT) como: "Profesión dedicada y comprometida a efectuar cambios sociales en la sociedad en general, y en las formas individuales de desarrollo de la misma".

1.1.3. El Trabajo Social como tecnología social

El proceso de construcción histórica del Trabajo Social ha estado situado en torno a dos orientaciones, por un lado, la investigación y, por el otro, la acción (la praxis). El Trabajo Social entendido como tecnología social se relaciona directamente con la práctica profesional. Implica enfocarse en generar experiencias e ideas que fortalezcan la intervención, desarrollando modelos que funcionen como herramientas técnicas, sin perder de vista el respaldo de la ciencia. En este sentido Natalio Kisnerman (1998: 154) señala que:

La concepción del trabajo social como tecnología responde a un encuadre positivista liberal, que privilegia la práctica. El trabajador social es así un operador de métodos y técnicas que interviene en lo inmediato, en lo evidente (...) la tecnología es el conjunto de reglas que establecen las formas de proceder para controlar y dominar la naturaleza. Pueden estar muy estandarizados y científicamente fundamentados.

Ander-Egg (1995) indica que el Trabajo Social como tecnología social implica el empleo y la aplicación organizada del conocimiento científico o de otros saberes estructurados, provenientes de distintas ciencias, disciplinas o profesiones, en actividades prácticas orientadas a mejorar la calidad de vida de las personas en una sociedad.

El Trabajo Social, entendido como tecnología social, utiliza conocimientos, métodos y técnicas provenientes de las ciencias sociales, así como aportes de otras disciplinas y profesiones. Su objetivo es identificar causas y actuar de manera práctica en situaciones que afectan a las personas. Se trata de un proceso dinámico que vincula teoría y práctica, centrado en la acción más que en el simple conocimiento. Como señala García y Melián (1993), si la ciencia es un hacer-para-conocer, la tecnología es un hacer-para-transformar la realidad, para alcanzar determinados objetivos.

1.1.4. El Trabajo Social como disciplina científica

A lo largo del siglo XX, especialmente en el contexto español, el Trabajo Social se ha distinguido por un proceso constante de definición y precisión de sus funciones, al mismo tiempo que ha buscado consolidar su posición dentro del ámbito del saber y del hacer de las ciencias sociales. A medida que se clarifican su alcance, sus contenidos propios y su práctica profesional, la disciplina va adquiriendo progresivamente un carácter científico (Celedón, 2008).

Para que una disciplina sea considerada científica, resulta imprescindible que cumpla con dos condiciones esenciales: disponer de un objeto de estudio claramente delimitado y contar con métodos diversos para su análisis y para la producción sistemática de conocimiento sobre dicho objeto (Bautista y Jiménez, 2019).

A través del estudio sistemático de la realidad social y de la práctica, el Trabajo Social genera conocimiento, teoriza sobre la intervención y reflexiona sobre sus fundamentos. Se reconoce como una disciplina de las ciencias sociales, con teorías, principios y métodos que provienen tanto de su propio desarrollo como de otras ciencias sociales: sociología, psicología, antropología, economía, filosofía, entre otras. Su dimensión científica permite analizar críticamente la realidad social, comprender las estructuras que producen exclusión y desigualdad, e interpretar los fenómenos sociales desde una perspectiva contextual e histórica. Consecuentemente, el Trabajo Social produce conocimiento propio a través de la investigación social aplicada, los estudios de caso, la sistematización de experiencias y el análisis de políticas públicas. A partir de estas investigaciones, construye categorías teóricas y marcos de análisis que orientan la intervención profesional.

El Trabajo Social como una disciplina científica de las ciencias sociales y humanas, se define como un campo que produce conocimiento teórico, conceptual, metodológico y técnico, enfocado en su objeto de estudio: los problemas y necesidades sociales. Este conocimiento se genera, debate y valida dentro de las comunidades científicas de profesionales del Trabajo Social (Fortune et al., 2010).

Desde esta perspectiva, la dinámica de la investigación científica en Trabajo Social se entiende como un proceso en el que los marcos teóricos se aplican a la práctica profesional diaria y, a partir de esa experiencia, se desarrollan metodologías más rigurosas y sistemáticas. Esto permite validar los modelos y técnicas de intervención utilizados en el campo (Ranquet, 2007).

Por lo tanto, como señalan Ponce de León y Fernández García (2014), la ciencia del Trabajo Social será el conjunto de conocimientos, obtenidos a través de la aplicación de un método científico en numerosos contextos sociales; por lo que, si el Trabajo Social es una ciencia, entonces utiliza el método científico para conocer y poder cambiar la realidad social a la que se enfrenta profesionalmente.

1.2. Las necesidades y la naturaleza del Trabajo Social

El Trabajo Social tiene como uno de sus propósitos centrales comprender, visibilizar y transformar las necesidades humanas. Éstas no son sólo carencias individuales, sino manifestaciones de desigualdades estructurales que afectan a personas, grupos y comunidades en determinados contextos históricos y sociales. Atender necesidades, no significa simplemente asistir o suplir una falta, sino promover procesos de transformación y autonomía. Las necesidades humanas pueden definirse como condiciones indispensables para el desarrollo físico, psicológico y social de las personas. No todas las necesidades son iguales ni se presentan de la misma forma para todos los sujetos; están determinadas por el entorno, la cultura, el sistema económico y las políticas públicas. De hecho, diferentes estudios reconocen que las necesidades humanas pueden, y deben, abordarse desde múltiples dimensiones: psicológicas, culturales, políticas y económicas.

1.2.1. Tipos de necesidad

A continuación, se recogen las principales clasificaciones de necesidades que resultan imprescindibles para contextualizar el marco de actuación de los/as profesionales del Trabajo Social.

Las necesidades según Doyal y Gough

Para Doyal y Gough (1994), las necesidades no pueden abordarse únicamente desde la carencia o la demanda individual, sino desde su raíz estructural, es decir, como resultado de las relaciones sociales que producen pobreza, marginación, desempleo, exclusión, etc. Por ello, la primera categorización de las necesidades humanas, que se debe tener en cuenta, es la diferenciación entre "necesidad individual" que refiere al estado de una persona respecto a los medios necesarios o útiles para su existencia y desarrollo; y "necesidad social" es el estado de una sociedad respecto de los medios necesarios y útiles para su existencia y desarrollo, así como para cada uno de los sujetos que la integran. Desde este sentido crítico, implica que el Trabajo Social luche contra las estructuras que generan tales necesidades, y no se limite a su tratamiento superficial o paliativo.

Las necesidades según Charlotte Towle

Las necesidades individuales también pueden ser diferentes según la edad de las personas y sus circunstancias vitales, tal y como explica la Teoría del Ciclo Vital de Towle (1964). En cada etapa vital se plantean necesidades especialmente relevantes que es necesario satisfacer en ese momento para un óptimo desarrollo evolutivo de la persona.

Para comenzar, en la etapa de la infancia y la niñez, el instinto más importante es el de la conservación. Radican pues, las fuentes primarias de la seguridad como medio para el desarrollo personal. Es fundamental tener cubiertas las necesidades de alimentación y salud física porque, en conjunto, constituyen la base para el desarrollo del sentimiento de seguridad. Por otro lado, la capacidad innata para aprender, que caracteriza esta etapa, supone la herramienta indispensable para lograr la independencia personal. De este modo, si se frustran las posibilidades de aprendizaje se generará un alto grado de angustia e inseguridad emocional. En definitiva, en esta etapa se debe trabajar para garantizar las tres fuentes de seguridad: amor bidireccional, cuidado constante de las condiciones favorables para tener una adecuada salud; y oportunidades que estimulen el aprendizaje del menor. Seguidamente, en la etapa adolescente se deben generar las condiciones para la creación y realización de planes futuros encaminados a la vida independiente durante el siguiente periodo vital.

Después, en la vida adulta, las necesidades están vinculadas a la participación de forma activa de la persona dentro del grupo social. Es decir, aspiran a sentirse útiles y a superarse continuamente. Por último, en la vejez, las necesidades humanas se centran en el abordaje del deterioro y pérdida de la independencia, que conlleva la adaptación a nuevas realidades.

Estas necesidades se relacionan con los problemas de la sociedad moderna, en la que la garantía para sobrevivir está determinada por otros factores que a veces dificultan la satisfacción de las necesidades humanas básicas. Para ello, Towle (1964) propone crear medidas de seguridad social que mejoren las condiciones de vida.

Tabla 2. Teoría de las Necesidades de Towle

Infancia y niñez	Alimentación, seguridad, aprendizaje y afectividad.
Adolescencia	Creación y realización de planes futuros.
Adultez	Están vinculadas a la participación activa dentro del grupo social (sentirse útiles y superarse continuamente).
Vejez	El deterioro y pérdida de la independencia e implican la necesidad de lograr adaptarse a las nuevas realidades.

Fuente: Towle (1964).

Las necesidades humanas según Abraham Maslow

El psicólogo Abraham Maslow (1943) propuso una teoría motivacional basada en una jerarquía piramidal de cinco niveles, cada uno representando un conjunto de necesidades humanas: fisiológicas, de seguridad, de afiliación, de reconocimiento, y de autorrealización. Esta teoría ha influido ampliamente en la comprensión de las necesidades en la intervención social, como marco para priorizar la urgencia de atención profesional; y en esencia, la pirámide destaca que las de tipología básica, como la alimentación, deben ser satisfechas antes de desarrollar necesidades más complejas, como las de tipo social o desarrollo de la autoestima:

- Necesidades fisiológicas o biológicas: son las más básicas y vitales para la supervivencia e incluyen respirar, dormir, saciar el hambre y la sed.

- Necesidades de seguridad: estabilidad, vivienda y protección contra peligros y riesgos externos.

- Necesidades sociales: incluye la superación de los sentimientos de soledad, establecer vínculos afectivos con otras personas, buscar afecto y pertenencia.

- Necesidades de estima o reconocimiento: fortalecimiento de la autoestima, sentimientos de valía, **éxito,** logro y reconocimiento particular.

- Necesidades de autorrealización: en el nivel más alto se encuentra el desarrollo de las necesidades internas, el desarrollo espiritual, moral, la búsqueda de una misión en la vida, etc.

Imagen 1. Pirámide de necesidades

Autorrealización — moralidad, autocontrol, espiritualidad, etc.

Reconocimiento — logros, estatus, reputación, autoconfianza, etc.

Afiliación — amistad, afecto, pertenencia a un grupo social, vínculo social, etc.

Seguridad — seguridad física, de empleo, de ingresos y recursos, familiar, de salud, etc.

Fisiología — respirar, vestirse, alimentarse, descansar, sexo, etc.

Fuente: Maslow (1943).

Las necesidades según Bradshaw

Desde la perspectiva en que se fundamentan los criterios valorativos de las necesidades, es clásica la aportación de Bradshaw (1972). Distingue entre distintos tipos de necesidades sociales que deben ser consideradas en el diseño e implementación de proyectos sociales y políticas públicas. Resulta una de las clasificaciones más utilizadas en Trabajo Social:

- Necesidad experimentada o sentida: son las necesidades que los sujetos perciben o expresan como tales. Pueden ser individuales o colectivas. Son, por tanto, subjetivas y fundamentales si se trabaja desde un modelo de Servicios Sociales que potencie el papel de los ciudadanos como sujetos protagonistas de los procesos de cambio. Sin embargo, no siempre coinciden con las necesidades reales.

- Necesidad objetiva, real o normativa: aquellas necesidades que existen independientemente de ser reconocidas (o no) por la persona. Son identificadas a partir de conocimientos profesionales en una situación determinada.

- Necesidad expresada, manifestada o demandada: son necesidades sentidas que se expresan mediante demandas concretas (pedidos de ayuda, reclamos, denuncias, etc.). Es decir, se trata de la necesidad sentida y puesta en acción mediante una solicitud. A menudo, esta necesidad condiciona la oferta de respuestas sociales, pero la planificación no puede orientarse solo según la demanda.

- Necesidad comparada: es la deducida por el/la observador/a exterior en función de una comparación entre una situación de la población objetivo y la de otro grupo con circunstancias similares.

- Necesidades latentes: necesidades objetivas que no son percibidas ni expresadas, y por tanto no se convierten en demanda social.

Esta clasificación es clave para el Trabajo Social, ya que permite detectar desajustes entre lo que la población necesita y lo que efectivamente demanda, lo cual influye directamente en la planificación y evaluación de las intervenciones sociales.

Las necesidades según Ezequiel Ander-Egg

El sociólogo y pedagogo argentino Ander-Egg (1995), presenta en su Diccionario de Trabajo Social, otra clasificación de necesidades humanas, en función del objeto de la necesidad o área de carencia a que se refieren, sin entrar en su jerarquización:

- Físicas u orgánicas: impiden gozar de niveles propios de su condición biológica.

- Económicas: procesos de producción y consumo.

- Sociales: forma en la que los seres humanos se relacionan entre sí, en el nivel familiar, con sus amistades u otras personas.

- Culturales: relacionadas con la autorrealización, actividades lúdicas y expresión creativa.

- Políticas: se refieren a la inserción de los seres humanos en las relaciones de poder y la vida ciudadana en general.

- Espirituales y religiosas: buscan dar sentido, significación y profundización a la vida en relación con la trascendencia.

Las necesidades humanas fundamentales de Manfred Max-Neef

La teoría propuesta por Max-Neef (1993) plantea que las necesidades humanas son universales, limitadas en número, y no varían histórica ni culturalmente. Para este autor, las necesidades fundamentales son nueve, pero no están jerarquizadas como en la propuesta de Maslow, y son simultáneas e interrelacionadas:

- Subsistencia: alimentación, salud, abrigo.

- Protección: seguridad, cuidado, sistemas de salud y justicia.

- Afecto: amor, relaciones, pertenencia.

- Entendimiento: educación, aprendizaje, curiosidad.

- Participación: decisión, compromiso, comunidad.

- Ocio: recreación, juego, descanso.

- Creación: innovación, expresión artística, trabajo creativo.

- Identidad: sentido, pertenencia, valores, autoestima.

- Libertad: autonomía, derechos, libre albedrío.

Para Max-Neef (1993), lo que cambia entre culturas y momentos históricos son los satisfactores, es decir, las formas de satisfacer esas necesidades. Los tipos de satisfactores son los siguientes:

- Satisfactores sinérgicos: satisfacen varias necesidades al mismo tiempo. Un claro ejemplo es lactancia, pues satisface la subsistencia, a la vez que ofrece afecto y protección.

- Satisfactores inhibidores: impiden satisfacer otras necesidades.

- Satisfactores pseudo o falsos: crean una ilusión de satisfacción, pero no resuelven la necesidad. Por ejemplo: el consumo excesivo para intentar suplir la carencia de afecto.

En síntesis, lo que esta teoría plantea es que una cultura elige su tipo de satisfactores. Es decir, los aspectos culturales sufren cambios con el paso del tiempo y, con ello, los satisfactores de esas necesidades fundamentales.

Tabla 3. Teoría de las Necesidades humanas de Max-Neef.

	Ser	Tener	Hacer	Estar
Subsistencia	Salud física, salud mental, equilibrio, solidaridad, humor, adaptabilidad.	Alimentación, abrigo, trabajo	Alimentar, procrear, descansar, trabajar	Entorno vital, entorno social

	Ser	Tener	Hacer	Estar
Protección	Cuidado, adaptabilidad, autonomía, equilibrio, solidaridad	Sistemas de seguros, ahorro, seguridad social, sistemas de salud, legislaciones, derechos, familia, trabajo	Cooperar, prevenir, planificar, cuidar, curar, defender	Contorno vital, contorno social, morada
Afecto	Autoestima, solidaridad, respeto, tolerancia, generosidad, receptividad, pasión, voluntad, sensualidad, humor	Amistades, parejas, familia, animales domésticos, plantas, jardines.	Hacer el amor, acariciar, expresar emociones, compartir, cuidar, cultivar, apreciar.	Privacidad, intimidad, hogar, espacios de encuentro.
Entendimiento	Conciencia crítica, receptividad, curiosidad, asombro, disciplina, intuición, racionalidad.	Literatura, maestros, método, políticas educacionales, políticas comunicacionales	Investigar, estudiar, experimentar, educar, analizar, meditar, interpretar	Ámbitos de interacción formativa, escuelas, universidades, academias, agrupaciones, comunidades, familia
Participación	Adaptabilidad, receptividad, solidaridad, disposición, convicción, entrega, respeto, pasión, humor	Derechos, responsabilidades, obligaciones, atribuciones, trabajo.	Afiliarse, cooperar, proponer, compartir, discrepar, acatar, dialogar, acortar, opinar	Ámbitos de interacción participativa, cooperativas, asociaciones, comunidades, vecindarios, familia
Ocio	Curiosidad, receptividad, imaginación, despreocupación, humor, tranquilidad, sensualidad	Juegos, espectáculos, fiestas, calma	Divagar, abstraerse, soñar, añorar, fantasear, evocar, relajarse, divertirse, jugar	Privacidad, intimidad, espacios de encuentro, tiempo libre, ambientes, paisajes

	Ser	Tener	Hacer	Estar
Creación	Pasión, voluntad, intuición, imaginación, audacia, racionalidad, autonomía, inventiva, curiosidad	Habilidades, destrezas, método, trabajo	Trabajar, inventar, construir, idear, componer, diseñar, interpretar	Ámbitos de producción y retroalimentación, talleres, ateneos, agrupaciones, audiencia, espacias de expresión, libertad temporal
Identidad	Pertenencia, coherencia, diferencia, autoestima, asertividad	Símbolos, lenguaje, hábitos, costumbres, grupos de referencia, sexualidad, valores, normas, roles, memoria histórica, trabajo	Comprometerse, integrarse, confundirse, definirse, conocerse, reconocerse, actualizarse, crecer	Socio-ritmos, entornos de la cotidianeidad, ámbitos de pertenencia, etapas madurativas
Libertad	Autonomía, autoestima, voluntad, pasión, asertividad, apertura, determinación, audacia, rebeldía, tolerancia	Igualdad de derechos	Discrepar, optar, diferenciarse, arriesgar, conocerse, asumirse, desobedecer, meditar	Plasticidad espacio-temporal

Fuente: Max-Neef (1993).

Siendo el objeto propio del diagnóstico social, su interés científico no radica solo en ofrecer una definición sobre el concepto de necesidades sociales, sino también en tratar de delimitarlo y categorizarlo, de manera que sea de utilidad para la construcción conceptual del diagnóstico social en Trabajo Social y, al mismo tiempo, favorezca la conceptualización, clasificación diagnóstica e interpretación de las situaciones sociales desde la perspectiva específica de la disciplina del Trabajo Social.

1.2.2. Demanda y problema social

La demanda es la expresión explícita de la necesidad y, en muchas ocasiones, supone el primer paso en el proceso de intervención social (Ander-Egg, 1995). Sin embargo, la demanda no siempre responde a la necesidad principal que presenta una persona, familia, grupo o comunidad. Es decir, la demanda, no siempre expresa la necesidad real o su verdadero alcance porque existen una serie de factores que influyen. Por ejemplo, podemos mencionar la dificultad que entraña para muchas personas acudir a servicios sociales porque relacionan este tipo de atención con un sector de la población con el que o no se quieren identificar o al que no pertenecen. Puede provocar un sentimiento de vergüenza, rabia, desconfianza y, a veces, la negativa a asumir que el Trabajo Social es una profesión que capacita para acompañar en un proceso de desarrollo personal y de asistencia técnica, sin que deba existir siempre una necesidad de tipo económico o material. Los mediadores de la demanda son el equipo profesional de los servicios sociales, las fuerzas políticas, las fuerzas sociales, los profesionales de la publicidad, etc.

Existen, también, distintos tipos de demanda (Ander-Egg, 1995):

- Explícita: Es la que se manifiesta claramente por parte de la persona usuaria o de quien actúa en su nombre. La necesidad está verbalizada y permite actuar con más claridad y rapidez.

- Implícita: La necesidad no se expresa directamente, pero se deduce de la situación observada por el equipo profesional. Requiere sensibilidad profesional para identificarla e intervenir éticamente.

- Ausente o inespecífica: No hay una demanda formulada como tal, pero se detecta una necesidad objetiva que requiere intervención

Continuando con la relación entre el Trabajo Social y las necesidades, debemos definir también, qué son los problemas sociales. Éstos surgen de la insatisfacción general de las necesidades. Según Ander-Egg (1994), un problema social es una situación objetiva de carácter conflictivo que afecta a un número significativo de personas y que, por su magnitud o repercusión, se transforma en un tema de preocupación colectiva, reclamando algún tipo de intervención pública. Por tanto, cuando hablamos de problema social aludimos a una situación conflictiva para el conjunto de la sociedad.

1.2.3. Recursos: bienes y servicios

En el Trabajo Social manejamos siempre una tríada de conceptos estrechamente relacionados entre sí: problemas, necesidades y recursos (De las Heras y Cortajarena, 1985). El recurso constituye una herramienta de trabajo cuyo sentido no debe quedar restringido únicamente a las prestaciones materiales, ya que abarca también la particular relación de ayuda que se establece entre el profesional del Trabajo Social y las personas que requieren su intervención profesional. La gestión y obtención del recurso no son los fines en sí mismos del Trabajo Social, si no que resultan los meros instrumentos o herramientas para la intervención social. Se suele decir que las necesidades son muchas, las demandas infinitas y los recursos escasos. Sin embargo, se debe tener en cuenta que el principal recurso en la intervención social es el mismo profesional. Este recurso se constituye por medio de la relación de ayuda. Además, otro factor importante es la clientela o persona usuaria que también constituye un tipo de recurso o una potencialidad de serlo.

En 1803 Jean-Baptiste Say, publicó Tratado de Economía Política donde distingue entre bienes y servicios para satisfacer necesidades humanas: "los productos se dividen en dos grandes clases: bienes materiales y servicios inmateriales. Ambos satisfacen necesidades humanas y, por tanto, tienen valor económico". De esta forma, los bienes son aquellos elementos materiales que satisfacen, directa o indirectamente, los deseos o necesidades de los seres humanos: el móvil, un reloj, el pan, lápiz, ordenador, etc. Los servicios son aquellas actividades (inmateriales) que se destinan, directa o indirectamente, a satisfacer las necesidades humanas: una formación, un seguro, etc. Estos se pueden clasificar atendiendo a varios criterios. Una de las más básicas se realiza conforme a la propiedad, distinguiendo entre bienes y servicios públicos y privados (Samuelson, 1954):

- Privados: son de personas privadas y pueden prohibir su uso o consumo por otra persona: el móvil, una vivienda, etc.

- Públicos: son de la sociedad y pueden ser consumidos o utilizados por varias personas, incluso simultáneamente y sin exclusión: un parque público, el alumbrado, etc.

En su estudio por los tipos de recursos, Morgado (2014) aporta dos tipos de clasificación. La primera la realiza según el ámbito en el que se produzcan los recursos:

- Internos: personales (motivacionales, de autoestima, conductuales, afectivos, sanitarios, psicológicos, psiquiátricos, económicos, sociales, etc.) y familiares de todo tipo.

- Externos: los ofrecidos por toda clase de entidades públicas (de la administración estatal, autonómica, local, institucional, etc.) y privadas (organizaciones empresariales, sindicales, asociaciones, fundaciones, patronatos, colegios profesionales, organizaciones no gubernamentales, etc.), así como, en su caso, por todo tipo de organismos internacionales, siendo de destacar por su importancia fundamental los que ponen a su disposición los Servicios Sociales y las instituciones, y sistemas del bienestar, tanto públicos como privados, en que se ha materializado el Estado de Bienestar (los sistemas públicos de pensiones) y la Sociedad de Bienestar (los sistemas privados de pensiones).

La otra tipología que describe Morgado (2014) es más extensa, pero no define ningún tipo de elemento definidor:

- Naturales: hábitat natural de la persona.

- Materiales: infraestructuras y equipamientos.

- Técnicos: conjunto de instrumentos que interponemos entre las personas y nuestro objeto de trabajo para conocerlo y lograr un producto para ejercerlo.

- Financieros: medios de capital de que se dispone para ejecutar una acción.

- Humanos: conjunto de población real o potencialmente apta requerida para la ejecución de un plan, programa o proyecto.

- Institucionales: estructura de servicios de que se dota la sociedad para el cumplimiento de sus fines.

Asimismo, Rubí Martínez (1989) los clasifica los recursos en función del órgano del que procedan:

- Institucionalizados: son los que proceden de instituciones de carácter público (prestaciones de Seguridad Social, de asistencia social, del sistema para la autonomía y atención a la dependencia, sistema nacional de salud) y privado (residencias para mayores, guarderías).

- No institucionalizados: autoprovisión, donación personal y ayuda mutua, es decir, aquellos recursos que surgen por el deseo de la ciudadanía o la ayuda entre las propias personas, sin necesidad de que actúen las instituciones públicas.

Por último, Rodríguez Martín (2003) distingue los tipos de recursos en función de a quiénes vayan dirigidos o quiénes serán los sujetos beneficiarios:

- Recursos sociales generales: es el conjunto de recursos previstos de forma general para todas las personas. Se trata de recursos dirigidos a cubrir las necesidades sociales de todos los ciudadanos sin distinción.

- Recursos sociales sectoriales o específicos: son aquellos que se crean para cubrir las necesidades sociales de un determinado grupo. Aunque se utilicen para otros colectivos, dependiendo a quien vayan dirigidos tendrán unas especialidades.

1.3. Finalidad del Trabajo Social

El Trabajo Social es una actividad profesional que es reconocida por sus valores, propósitos, conocimiento y método (Bartlett, 2003). Se puede decir que su finalidad se fundamenta en una "disciplina científica, metódicamente formada y ordenada que constituye una rama del saber de las ciencias sociales porque contribuye a incrementar el funcionamiento individual y social de las personas y a potenciar sus conocimientos y habilidades para alcanzar su bienestar social" (Fernández, 1992: 27). La Federación Internacional de Trabajadores Sociales (FITS) sintetiza esta finalidad en su definición oficial (2014), destacando que el Trabajo Social busca "empoderar y liberar a las personas" y promover el "cambio y el desarrollo social".

Por su parte, Ricardo Hill (1981), establece que los fines del Trabajo Social pueden ser intrínsecos y extrínsecos. Los fines intrínsecos se refieren a un proceso de "movilización" que busca transformar los recursos del entorno y las capacidades personales en herramientas que permitan enfrentar de manera efectiva las dificultades de la clientela. Estos objetivos de ajuste entre la persona y su entorno se vinculan con fines extrínsecos más amplios, como la promoción del bienestar social.

También se ha planteado que el Trabajo Social tiene el propósito de (García y Meneses, 2014):

- Asistir a personas y grupos para identificar, resolver y minimizarlos problemas que producen un desequilibrio entre ellos y sus entornos.

- Identificar las posibles áreas de desequilibrio entre el entorno y las personas usuarias, para intentar prevenir los desequilibrios que puedan producirse.

- Además de tratar y prevenir, refuerza al máximo el potencial de las personas, grupos y comunidades.

- La práctica del Trabajo Social ha ido vinculándose a los diferentes servicios y recursos que la sociedad ha venido arbitrando, dando lugar a nuevas formas de atención social para atender las situaciones que afectan a las personas y familias en situaciones de carencias y crisis, y que precisan de atención profesionalizada.

En definitiva, el Trabajo Social es una profesión compleja y dinámica, que se encuentra en constante tensión entre las exigencias del sistema social y su vocación transformadora. Lejos de ser una actividad meramente asistencial, el Trabajo Social se configura como una práctica ética, política y crítica, cuya finalidad se orienta a la construcción de una sociedad más justa e igualitaria.

Capítulo 2
La Intervención Social

En base a la finalidad del Trabajo Social, según Barranco (2006: 79), los objetivos de nuestra profesión están orientados a superar los obstáculos que impiden avanzar en el desarrollo humano y en la mejora de la calidad de vida de la ciudadanía mediante una intervención profesional que se basa en los fundamentos éticos, epistemológicos y metodológicos del Trabajo Social, desde un enfoque global, plural y de calidad. Pero ¿qué quiere decir "intervención"?

El Diccionario de la Real Academia Española (2014), define el término "intervención" como la acción y efecto de intervenir; y la palabra "intervenir" significa tomar parte en un asunto, interceder o mediar por alguien. En su aplicación al Trabajo Social, Ander-Egg (1982), hace referencia a "un proceso de acción racional, deliberado y orientado al cambio, que busca transformar una situación social problemática en otra deseada, mediante la participación activa de los sujetos implicados". Consiste pues, en la acción organizada y desarrollada por los/as profesionales del Trabajo Social con las personas, grupos y comunidades. Esta acción profesional atiende a los objetivos específicos y los modos concretos de aplicación. A su vez, éstos están deben estar supeditados a las características de la realidad de las personas, del contexto social, y de los modelos y niveles de intervención. Todo proceso de intervención social debe sustentarse en un marco teórico que le otorgue fundamento y coherencia, permitiendo orientar la acción de manera más eficaz en la identificación, análisis y resolución de los problemas y necesidades sociales.

Por todo ello, podemos decir que la intervención social es el núcleo del ejercicio profesional, ya que permite pasar del diagnóstico a la acción, aplicando metodologías y recursos para favorecer el cambio social, la justicia, el desarrollo humano, y la superación de dificultades. Para ello, entre otros aspectos primordiales, necesita una sistematización del proceso, una identificación de su tipología, y el reconocimiento de los actores implicados.

2.1. Actores del proceso

En el proceso intervienen principalmente dos sujetos: el/la profesional del Trabajo Social y la persona usuaria o cliente. Esta relación constituye el eje central de toda intervención social, ya que a través de la interacción entre ambos se construye el proceso de ayuda profesional. El/la trabajador/a social no es un mero ejecutor de recursos, sino que actúa como facilitador/a del cambio, orientando, apoyando y promoviendo la autonomía de la persona usuaria, mientras que esta última participa activamente aportando su propia perspectiva, experiencias, necesidades y recursos personales. A continuación, describimos algunas características básicas de ambos sujetos.

2.1.1. Trabajador/a social: habilidades, competencias, roles y funciones

Para cumplir con los propósitos de la acción social, el/la profesional del Trabajo Social necesita poseer habilidades y competencias acordes con su perfil, las cuales le permitan desempeñar de manera efectiva sus funciones y roles, favoreciendo así una adecuada intervención con individuos, grupos y comunidades.

Habilidades

El perfil profesional de el/la trabajador/a social se estructura a partir de un conjunto de habilidades personales, cognitivas, metodológicas y sociales, que se articulan en las dimensiones del ser, saber, hacer e interactuar (Guillén de Romero, 2021: 329). Esta estructura competencial constituye el sustento de su praxis en los niveles de intervención individual, grupal y comunitario. Similar apreciación es realizada por García y Meneses (2014: 346), quienes explican que, entre los componentes principales para el desarrollo metodológico en la profesión, además de la interpretación de los problemas sociales, de elaboración de un diagnóstico, de planificación e implementación de la intervención y en una evaluación continua, se destacan: habilidades (toma de decisiones, liderazgo, pensamiento crítico, resolución de conflictos, gestión de proyectos, etc.); conocimientos (procedentes de su disciplina y de otras que pueden aportarle saber para analizar situaciones e intervención) y principios (dignidad humana, justicia social, aceptación de la diversidad, confidencialidad, etc.).

El/la trabajador/a social es un profesional orientado al servicio de las personas y de la comunidad, cuya labor requiere la integración de competencias técnicas junto con un conjunto de habilidades y cualidades personales que lo distinguen. Entre las habilidades personales destacan: un firme sentido de la justicia social; capacidad de autorregulación emocional frente a contextos complejos y de alta presión; empatía hacia los usuarios, favoreciendo la construcción de un clima de confianza que posibilite relaciones interpersonales basadas en la colaboración y el apoyo; así como imaginación, adaptabilidad y creatividad para diseñar e implementar intervenciones ajustadas a realidades diversas. De igual manera, se valoran en el/la profesional del

Trabajo Social, el respeto por la pluralidad y la diversidad humana, ser una persona confiable, la honestidad e integridad, y la disposición a evitar prejuicios en el ejercicio profesional.

Las habilidades cognitivas que caracterizan al profesional del Trabajo Social son la capacidad de análisis y diagnóstico, pensamiento crítico, tomar decisiones informadas, la resolución de problemas y planificación para diseñar estrategias de intervención y la organización para gestionar casos. En este grupo también se incluyen las habilidades académicas que se adquieren en el periodo formativo en el ámbito universitario, también durante la práctica profesional, así como en cursos y talleres.

El conocimiento multidisciplinar es una de las habilidades cognitivas fundamentales en el ejercicio profesional. Los problemas humanos y sociales en los que interviene el Trabajo Social son complejos y están influidos por muchos factores, por eso necesitan ser comprendidos desde una mirada amplia y con la participación de distintas disciplinas. Por esta razón, el/la profesional de Trabajo Social debe tener conocimientos en temas jurídicos, económicos, éticos, políticos y psicológicos, ya que son necesarios para entender mejor la complejidad de la realidad social y crear estrategias de intervención útiles y adecuadas. Además, también son importantes otras habilidades cognitivas relacionadas con el uso de las tecnologías de la información y la comunicación, y el manejo de idiomas.

Las habilidades metodológicas comprenden un conjunto de capacidades que facilitan la comprensión, organización e intervención en las problemáticas sociales. Estas competencias se desarrollan en la práctica profesional a través del proceso metodológico de intervención, entendido como una serie de etapas. Primero, la investigación permite conocer el contexto, a las personas involucradas y las problemáticas que enfrentan. Luego, el diagnóstico posibilita analizar, interpretar y conceptualizar la situación de necesidad social, identificando sus causas y consecuencias. A continuación, la planificación se enfoca en diseñar estrategias y alternativas de acción orientadas a transformar la realidad detectada. Finalmente, la evaluación consiste en analizar y valorar todo el proceso realizado. Estas etapas no funcionan de forma separada, sino como un proceso articulado en el que se combinan técnicas, procedimientos y enfoques metodológicos seleccionados de acuerdo con los objetivos establecidos (Arias et al., 2013: 43).

Además, las habilidades metodológicas incluyen la competencia para adaptar y aplicar adecuadamente los enfoques de intervención, como el trabajo con casos, con grupos y comunidades, y la capacidad de trabajar eficazmente en equipos interdisciplinarios.

Las habilidades sociales hacen referencia a un conjunto de competencias interpersonales que facilitan la interacción y comunicación, posibilitando el establecimiento de vínculos adecuados, positivos y funcionales. En el ámbito del Trabajo Social, su desarrollo resulta esencial, puesto que constituyen la base para la construcción de relaciones profesionales efectivas y para la generación de procesos de acompañamiento. Entre ellas, las habilidades comunicativas, que comprenden la formulación de preguntas, la escucha activa, la facilitación de los procesos comunicativos, la asertividad y la comunicación no verbal; habilidades vinculadas a la relación de ayuda, que implican la empatía y la comprensión; habilidades de actuación proactiva, que se manifiestan en la capacidad de gestionar críticas de manera asertiva, anticiparse a posibles problemas, asumir la responsabilidad de las propias acciones, tomar la iniciativa y orientarse hacia la búsqueda de soluciones efectivas; habilidades de gestión emocional positiva y habilidades para la gestión constructiva del conflicto.

Competencias

La competencia profesional entendida como una serie de habilidades, conocimientos, actitudes y valores que permiten un desempeño de una ocupación de acuerdo con los niveles requeridos. Las competencias nos indican lo que los/as profesionales saben hacer para alcanzar condiciones de bienestar establecidas en colaboración con las personas usuarias (Vázquez, 2014:147).

El Libro Blanco para la Titulación de Grado en Trabajo Social (Agencia Nacional de Evaluación de la Calidad y Acreditación, 2004) señala las competencias que conforman el perfil profesional el/la trabajador/a social, que le permiten responder eficazmente a las exigencias y desafíos de su campo profesional. En el mismo, se recoge una competencia general, definida de la siguiente manera:

> Los trabajadores sociales tienen una comprensión amplia de las estructuras y procesos sociales, el cambio social y del comportamiento humano, que le capacita para: intervenir en las situaciones (problemas) sociales (de malestar) que viven personas, familias, grupos, organizaciones y comunidades, asistiendo, manejando conflictos y ejerciendo mediación. Participar en la formulación de las políticas sociales y favorecer la ciudadanía activa mediante el empoderamiento y la garantía de los derechos sociales. Todo ello con el fin último de contribuir junto con otros profesionales de la acción social a la integración social de personas, familias, grupos, organizaciones y comunidades, la constitución de una sociedad cohesionada y el desarrollo de la calidad de vida y del bienestar social (ANECA, 2004: 25).

Esta competencia general se concreta en seis ámbitos competenciales, donde cada uno de los cuales recoge una serie de competencias que configuran el perfil profesional de los/as profesionales del Trabajo Social.

- Capacidad para trabajar y valorar de manera conjunta con personas, familias, grupos, organizaciones y comunidades sus necesidades y circunstancias.

  · Establecer relaciones profesionales al objeto de identificar la forma más adecuada de intervención.

  · Intervenir con personas, familias, grupos, organizaciones y comunidades para ayudarles a tomar decisiones bien fundamentadas acerca de sus necesidades, circunstancias, riesgos, opciones preferentes y recursos.

  · Valorar las necesidades y opciones posibles para orientar una estrategia de intervención.

- Planificar, implementar, revisar y evaluar la práctica del Trabajo Social con personas, familias, grupos, organizaciones y comunidades y con otros profesionales.

  · Responder a situaciones de crisis valorando la urgencia de las situaciones, planificando y desarrollando acciones para hacer frente a las mismas y revisando sus resultados.

  · Interactuar con personas, familias, grupos, organizaciones y comunidades para conseguir cambios, promocionar el desarrollo de los mismos y mejorar las condiciones de vida a través de la utilización de los métodos y modelos de Trabajo Social, haciendo un seguimiento con regularidad de los cambios que se producen al objeto de preparar la finalización de la intervención.

  · Preparar, producir, implementar y evaluar los planes de intervención con el sistema cliente y los colegas profesionales negociando el suministro de servicios que deben ser empleados y revisando la eficacia de los planes de intervención con las personas implicadas al objeto de adaptarlos a las necesidades y circunstancias cambiantes.

  · Apoyar el desarrollo de redes para hacer frente a las necesidades y trabajar a favor de los resultados planificados examinando con las personas las redes de apoyo a las que puedan acceder y desarrollar.

  · Promover el crecimiento, desarrollo e independencia de las personas identificando las oportunidades para formar y crear grupos, utilizando la programación y las dinámicas de grupos para el crecimiento individual y el fortalecimiento de las habilidades de relación interpersonal.

  · Trabajar con los comportamientos que representan un riesgo para el sistema cliente identificando y evaluando las situaciones y circunstancias que configuran dicho comportamiento y elaborando estrategias de modificación de los mismos.

- Analizar y sistematizar la información que proporciona el trabajo cotidiano como soporte para revisar y mejorar las estrategias profesionales que deben dar respuesta a las situaciones sociales emergentes.

- Utilizar la mediación como estrategia de intervención destinada a la resolución alternativa de conflictos.

- Diseñar, implementar y evaluar proyectos de intervención social. Apoyar a las personas para que sean capaces de manifestar las necesidades, puntos de vista y circunstancias. Hace referencia a la competencia de los profesionales de ayudar a personas, familias, grupos, organizaciones y comunidades para que puedan defender sus propios derechos y actuar en su propia representación si es necesario. Preparar y asistir a reuniones donde se toman decisiones, con el propósito de representar y proteger de forma más efectiva los intereses de individuos, familias, grupos, organizaciones y comunidades.

— Apoyar a las personas para que sean capaces de manifestar las necesidades, puntos de vista y circunstancias.

- Defender a las personas, familias, grupos, organizaciones y comunidades y actuar en su nombre si la situación lo requiere.

- Preparar y participar en las reuniones de toma de decisiones al objeto de defender mejor los intereses de las personas, familias, grupos, organizaciones y comunidades.

- Actuar para la resolución de las situaciones de riesgo con los sistemas cliente, así como para las propias y las de los colegas de profesión.

- Establecer y actuar para la resolución de situaciones de riesgo previa identificación y definición de la naturaleza del mismo.

- Establecer, minimizar y gestionar el riesgo hacia uno mismo y los colegas a través de la planificación, revisión y seguimiento de acciones para limitar el estrés y el riesgo.

— Administrar y ser responsable, con supervisión y apoyo, de la propia práctica dentro de la organización.

- Administrar y ser responsable de su propio trabajo asignando prioridades, cumpliendo con las obligaciones profesionales y evaluando la eficacia del propio programa de trabajo.

- Contribuir a la administración de recursos y servicios colaborando con los procedimientos implicados en su obtención, supervisando su eficacia y asegurando su calidad.

- Gestionar, presentar y compartir historias e informes sociales manteniéndolos completos, fieles, accesibles y actualizados como garantía en la toma de decisiones y valoraciones profesionales.

- Trabajar de manera eficaz dentro de sistemas, redes y equipos interdisciplinares y multiorganizacionales con el propósito de colaborar en el establecimiento de fines, objetivos y tiempo de duración de los mismos, contribuyendo igualmente a abordar de manera constructiva los posibles desacuerdos existentes.

- Gestionar y dirigir entidades de bienestar social.

— Demostrar competencia profesional en el ejercicio del Trabajo Social.

- Investigar, analizar, evaluar y utilizar el conocimiento actual de las mejores prácticas del Trabajo Social para revisar y actualizar los propios conocimientos sobre los marcos de trabajo.

- Trabajar dentro de estándares acordados para el ejercicio del Trabajo Social y asegurar el propio desarrollo profesional utilizando la asertividad para justificar las propias decisiones, reflexionando críticamente sobre las mismas y utilizando la supervisión como medio de responder a las necesidades de desarrollo profesional.

- Gestionar conflictos, dilemas y problemas éticos complejos identificando los mismos, diseñando estrategias de superación y reflexionando sobre sus resultados.

- Contribuir a la promoción de las mejores prácticas del Trabajo Social participando en el desarrollo y análisis de las políticas que se implementan.

Roles y funciones

Además, el/la profesional del Trabajo Social desempeña un conjunto diverso de roles y funciones, según el contexto de intervención y los marcos teóricos desde los que se ejerce. Su práctica se adapta a las necesidades sociales cambiantes, pero siempre está orientada a promover el bienestar social, la inclusión, la equidad y la justicia social.

Desde el Libro Blanco del Título de Grado en Trabajo Social (ANECA, 2004), se han detallado cuáles serían las funciones que los/as trabajadores/as sociales deberían acometer y, por tanto, adquirir la formación necesaria que les capacite para su ejercicio:

- Función preventiva: actuación precoz sobre las causas que generan problemáticas individuales y colectivas, derivadas de las relaciones humanas y del entorno social.

- Función de atención directa: responde a la atención de individuos o grupos que presentan, o están en riesgo de presentar, problemas de índole social.

- Función de planificación: ordenar y conducir un plan de acuerdo con unos objetivos propuestos, contenidos en un programa determinado mediante un proceso de análisis de la realidad y del cálculo de las probables evoluciones de esta.

- Función docente: impartir enseñanzas teóricas y prácticas de Trabajo Social y de Servicios Sociales y contribuir a la formación teórico-práctica pregrado y postgrado.

- Función de promoción e inserción social: actuaciones encaminadas a restablecer, conservar y mejorar las capacidades, la facultad de autodeterminación y el funcionamiento individual o colectivo

- Función de mediación: objetivo de unir los discursos de las partes implicadas en el conflicto para posibilitar con su intervención que las personas interesadas logren la resolución de este.

- Función de supervisión: proceso dinámico de capacitación que ofrece asesoramiento profesional para aumentar la efectividad de la intervención.

- Función de evaluación: pretende constatar los resultados obtenidos en las actuaciones, en relación con los objetivos propuestos, considerando técnicas, medios y tiempo empleados.

- Función gerencial: se desarrolla cuando el/la profesional del Trabajo Social tiene responsabilidades en la planificación de centros, organización, dirección y control de programas y servicios sociales.

- Función de investigación: proceso metodológico de descubrir, describir, interpretar, explicar y valorar una realidad, a través de un trabajo sistematizado de recogida de datos, establecimiento de hipótesis y verificación de estas, empleando para ello técnicas profesionales y científicas a fin de contextualizar una adecuada intervención y/o acción social planificada.

- Función de coordinación: determinar mediante la metodología adecuada las actuaciones de un grupo de profesionales, una línea de intervención social y objetivos comunes con relación a un grupo poblacional, comunidad o caso concreto.

Por otro lado, los roles hacen referencia a los papeles que los/as trabajadores/as pueden asumir en la práctica profesional, dependiendo del objetivo, del contexto y del enfoque metodológico. El Trabajo Social tiene lugar en un marco institucional de derechos y deberes definidos por ley, por la institución que contrata sus servicios y por el código profesional. Por esta razón, Downie y Loudfoot (1978) describen el Trabajo Social como una "profesión de rol", lo que significa que la profesión del trabajo social se define a partir de una serie de derechos y deberes institucionales que han de adoptar los profesionales.

Para la descripción de los roles profesionales del Trabajo Social nos basamos en las aportaciones de Ander Egg (1992):

— Apoyo: proporcionando ayuda emocional, orientación y acompañamiento a individuos, grupos y comunidades que están en una situación de vulnerabilidad, facilitando su orientación y el logro de los objetivos propuestos.

— Educador: cumple la función de facilitar el desarrollo de conocimientos, habilidades y competencias en las personas. A través de la enseñanza de técnicas para resolver problemas y de estrategias orientadas al fortalecimiento de habilidades sociales, de negociación y de escucha activa, promueve que los usuarios adquieran herramientas que potencien su autoconocimiento y su conciencia social.

— Defensa: garantiza la protección de personas, familias, grupos, organizaciones y comunidades, y actúa en su representación cuando las circunstancias así lo exigen. Esto implica facilitar el acceso a recursos y servicios para quienes anteriormente han sido excluidos, así como promover la prestación de servicios cuando las personas beneficiarias enfrentan limitaciones físicas, psicológicas o sociales que dificultan su obtención por cuenta propia.

— Informador/Asesor/Orientador: interviene informando y orientando a individuos, grupos y comunidades sobre los recursos y servicios disponibles, para mejorar su calidad de vida y enfrentar sus problemáticas. Para ello el/la trabajador/a social identifica las necesidades, facilita el acceso a apoyos institucionales y comunitarios, gestionan trámites, median en los conflictos y apoyan la búsqueda de soluciones. Así actúa como puente entre las personas y los recursos existentes, para mejorar su situación y procurar un desarrollo integral.

— Proveedor de recursos: en situaciones en las que la persona no logra resolver sus problemas, el sistema comunitario es el agente capaz de suministrar los recursos necesarios para promover un funcionamiento adecuado y satisfactorio.

- Proveedor de datos: la labor realizada por el/la profesional debe registrarse de manera sistemática en soportes documentales, cuyo formato y características varían según el nivel de intervención y el modelo organizativo de la institución. La recopilación y organización de esta información permite la sistematización de la práctica profesional y constituye un aporte esencial para desarrollar investigaciones posteriores y construir marcos teóricos.

- Animador, facilitador y movilizador: se refiere a la función de promover el acceso de las personas a espacios de participación social, impulsando la conformación de grupos y organizaciones. Implica orientar y asesorar a la ciudadanía para que, mediante dichas organizaciones, generen iniciativas orientadas a mejorar sus condiciones de vida, y estimula la construcción de nuevas formas de participación comunitaria y social.

- Agente de cambio: según la definición de Trabajo Social adoptada por la Federación Internacional de Trabajadores Sociales (FITS), el Trabajo Social impulsa procesos de transformación y desarrollo social, fomenta la cohesión social y contribuye al empoderamiento y a la emancipación de las personas.

La práctica del Trabajo Social puede clasificarse en tres niveles de intervención, y en cada uno el/la profesional asume roles distintos (Yépez, 2014):

Tabla 4. Roles y funciones según nivel de intervención

Niveles de intervención	Roles	Funciones
Microintervención (individual o familiar)	Rol de acompañante, consejero, orientador.	Función de escucha, diagnóstico y canalización de recursos.
Mesointervención (grupos y comunidades)	Rol de facilitador/a de grupos, educador/a, animador/a social.	Función de capacitación, organización y fortalecimiento de redes.
Macrointervención (instituciones y políticas públicas)	Rol de analista, planificador/a, defensor/a de derechos.	Función de evaluación de programas, incidencia en políticas sociales y participación en redes interinstitucionales.

Fuente: Yépez (2014).

2.1.2. Sujeto del proceso de intervención social: más allá del "usuario"

El sujeto del proceso de intervención es la persona que solicita la ayuda del profesional del Trabajo Social, constituyendo así la otra parte de la relación profesional.

No obstante, este término también puede referirse a situaciones multipersonales, es decir, a sistemas que requieren apoyo, como una familia, un grupo reducido, una institución, una comunidad o un vecindario. En todos los casos, estos sistemas están compuestos por personas que, en última instancia, son las destinatarias directas de la intervención o ayuda profesional.

El individuo o sistema objeto de intervención ya no es un receptor pasivo. Hoy se entiende como un sujeto activo, con capacidades, derechos y potencial transformador. Este cambio de paradigma ha sido impulsado por enfoques como el Trabajo Social crítico, el enfoque de derechos humanos, el enfoque ecológico y el modelo centrado en la persona. Así, los sujetos del proceso de intervención son: las personas o colectivos con necesidades sociales, las comunidades organizadas o en proceso de organización, las instituciones que brindan servicios sociales, el propio trabajador/a social (también es parte activa del proceso) y la sociedad, en tanto espacio de reproducción de las desigualdades y también escenario de transformación.

La relación entre el/la trabajador/a social y el sistema cliente es una interacción compleja, dinámica y basada en la construcción conjunta de soluciones. Los sujetos del proceso de intervención social no son solo quienes demandan un servicio, sino todos los actores implicados en la transformación de la realidad social. Por ello, el concepto de sistema cliente se refiere a todas aquellas personas, grupos o instituciones que están involucradas, directa o indirectamente, en el proceso de intervención del profesional. No se limita únicamente al "usuario" o "beneficiario" del servicio, sino que incluye a todos los actores que forman parte del proceso de análisis, planificación, ejecución y evaluación de una acción social. Consecuentemente, el desafío del Trabajo Social es reconocer y fortalecer la independencia de los sujetos, trabajar desde sus potencialidades, y acompañar sus luchas por justicia, dignidad y derechos. El/la trabajador/a social, por su parte actúa como profesional de la intervención social, como mediador, facilitador y agente de cambio en esa relación. Su papel consiste en interpretar las necesidades, intereses y problemáticas de los sujetos, y vincularlas con recursos, políticas, derechos y estrategias de transformación social.

El sujeto de atención presenta tres elementos sobre las que se sustenta la intervención profesional:

–   Expectativas: la persona usuaria siempre posee determinadas expectativas, generalmente basadas en experiencias previas, en sus características personales y en la urgencia o importancia que atribuye al objeto que desea obtener. A lo largo de este proceso, a menudo prolongado, la persona puede haberse enfrentado a dificultades, fracasos o respuestas insatisfactorias. Esto nos indica que, con frecuencia, el sujeto se aproxima al contacto con el profesional con ciertos prejuicios o ideas preconcebidas sobre cómo será atendido.

- Necesidades: la necesidad se manifiesta como una carencia, ya sea de tipo físico, psicológico o material, que impulsa al individuo a buscar una solución o satisfacción.

- Demanda: la demanda representa la manifestación explícita de una necesidad, expresada por el sujeto al requerir la asistencia o el apoyo de un profesional.

2.2. Niveles y tipos de intervención en Trabajo Social

El/la trabajador/a social realiza su actividad técnica en diversas áreas profesionales y ámbitos de desempeño tanto en organismos internacionales, Administración Pública, universidades, empresa privada (por cuenta ajena o ejercicio libre de la profesión) y en el marco del tercer sector (asociaciones, fundaciones, federaciones u otras organizaciones sociales).

En Trabajo Social, según De la Fuente y Sotomayor (2014), existen tres dimensiones en su ámbito profesional: el individual, desarrollando su actividad con la persona objeto de su intervención (Trabajo Social de Casos); el grupal, desarrollando su intervención mediante dinámica de grupos (Trabajo Social con Grupos), y el comunitario, tratando de favorecer los procesos de organización e interacción para generar comunidades en las que se potencien las dinámicas de inclusión social, en las que la acción colectiva permita superar problemas que sólo pueden ser abordados desde el Trabajo Social Comunitario. A estas tres dimensiones se debe unir una cuarta, el Trabajo Social con el Sistema Familiar que persigue el fortalecimiento, la funcionalidad y el bienestar del sistema familiar a través de procesos de intervención profesional que favorezcan la resolución de conflictos, la mejora de la comunicación, el ejercicio de roles saludables y la garantía de derechos sociales, afectivos y materiales.

Existen dos tipos fundamentales de intervenciones en Trabajo Social (Consejo General de Colegios Oficiales de Trabajo Social, 1985):

- Intervención directa: se realiza en diversos ámbitos de desempeño e incluye una serie de actividades profesionales del Trabajo Social que, para el logro de sus objetivos, precisan de un contacto personal entre la/el profesional y la persona, familia o grupo de implicados, de tal forma que la relación que se establece entre el/la trabajador/a social y el sistema cliente (individuos, familia, grupo pequeño) es un elemento significativo en el cambio de situación.

- Intervención indirecta: se realiza en diversos ámbitos de desempeño e incluye aquellas actividades profesionales relacionadas con el estudio, análisis, sistematización, planificación, evaluación, coordinación y supervisión. La intervención indirecta es muy importante en el Trabajo Social.

Por último, también podemos articular la intervención en distintos niveles, según el momento en el que surge el problema. Se trata del enfoque de intervención preventiva que procede de las propuestas formuladas por Gerald Caplan (1964) en Psiquiatría, y que posteriormente fueron adaptadas al Trabajo Social y a otras ciencias sociales, dado su valor para planificar estrategias de actuación en distintos niveles:

- Intervención primaria o preventiva: el/la profesional actúa antes de que surja un problema o riesgo. Busca anticiparse a la aparición de un problema y, para ello, se debe actuar de manera precoz sobre los factores de riesgo y las causas que pueden generar problemáticas individuales o colectivas en el futuro.

- Intervención secundaria: la intervención se aplica cuando ya se ha detectado la existencia de algún problema, por lo que es fundamental establecer un diagnóstico precoz o detectar lo antes posible su aparición para evitar que empeore o se cronifique. El objetivo es prevenir el avance de esa situación y de los factores que puedan influir en su agravamiento.

- Intervención terciaria o asistencial: la intervención profesional se centra en limitar las consecuencias a largo plazo, siendo el objetivo principal el mitigar o reducir los daños de la problemática ya manifestada.

2.3. El proceso de intervención

El proceso o método de intervención social desde el Trabajo Social es el conjunto de fases o etapas planificadas o estructuradas a partir del método científico, que guían la acción profesional para comprender, planificar y resolver situaciones problemáticas que afectan a personas, familias, grupos o comunidades. Este proceso está fundamentado en principios éticos, científicos y metodológicos. Etimológicamente, el término metodología proviene del griego; metá (hacia) y odós (camino), que viene a significar el camino a seguir para conseguir algo. Según el Diccionario de Sociología (Giner et al., 2006: 554), se puede determinar que la metodología es el estudio lógico y sistemático que guía la investigación científica.

Son cinco los pasos que conforman el método en Trabajo Social y que debe seguir el/la profesional para realizar la intervención social: estudio, diagnóstico, planificación, ejecución, y evaluación. En algunas ocasiones, el proceso se engloba en tres fases interrelacionadas: inicial, media y final.

Tabla 5. Fases y componentes del proceso de intervención

Fase	Pasos o elementos compositivos
Inicial	Estudio: – Delimitación del área de trabajo. – Primer contacto y acogida. – Búsqueda, recogida y análisis de la información. – Identificación de recursos. – Distinción de la demanda y de las necesidades detectadas según la clasificación. – Jerarquización de los problemas o necesidades. Diagnóstico: – Resumen de los datos más destacados del estudio. – Elaboración de la hipótesis diagnóstica. – Propuesta de alternativas y contrato de intervención.
Media	Planificación
	Ejecución
Final	Evaluación
	Seguimiento

Fuente: elaboración propia.

Aunque este procedimiento metodológico general se puede aplicar ante cualquier realidad social, tendrá diferentes matizaciones si se atienden ámbitos, sectores o niveles de intervención más específicos como pueden ser con familias, grupos, individuos o comunidades.

2.3.1. Estudio

En esta primera fase, el/la profesional recopila, organiza y analiza la información para conocer el objeto de intervención, recogiendo todos los datos sobre el caso, la demanda, la situación actual y previa, y todo aquello que permita identificar la problemática social.

La finalidad de esta fase es generar un conocimiento profundo y fundamentado acerca de la realidad objeto de intervención, así como de las personas que participan en ella. Para lograrlo, se hace una recopilación meticulosa y sistemática de la información relevante, de la situación y de los sujetos implicados, para someterla a un análisis detallado. Se compone, a su vez, de las siguientes etapas:

- Delimitación del área de trabajo: es necesario concretar dónde vamos a intervenir, con qué problema y a quién afecta. El fin es la identificación y acercamiento al problema mientras se trabaja junto a la persona/as para averiguar y describir la situación que le afecta, ayudándole a expresarla de forma clara y precisa. Es muy útil la utilización de soportes documentales (registros, diarios de campo, etc.) que permita el registro de la información. Dependiendo de si se trata de una intervención de tipo grupal, comunitaria, familiar o individual, el conjunto del proceso de intervención conlleva una serie de características distintivas. Por ello, el/la profesional debe distinguir la tipología y el ámbito de intervención.

- Primer contacto y acogida: se trata de establecer una relación inicial con la persona usuaria, generando confianza y un clima de comunicación. Se debe explicar el rol de el/la trabajador/a social, las características del servicio donde se encuentra o las particularidades de la institución, así como los límites de la intervención.

- Búsqueda, recogida y análisis de la información: se utilizan técnicas e instrumentos de investigación, recopilación y análisis de información como entrevistas, cuestionarios, observación, visitas domiciliarias, antecedentes institucionales, informes de otros servicios o profesionales, etc. También se debe registrar ordenada y objetivamente, y eso nos ayudará a indagar en aspectos personales, familiares, sociales, económicos, educativos, laborales, de salud, etc.

- Identificación de recursos disponibles: identificar recursos o factores de protección, así como factores de riesgo. En base a los problemas seleccionados, se deberá identificar los recursos existentes, tanto personales, los del entorno del cliente y los institucionales, ya sean humanos, materiales, financieros e institucionales. Es fundamental describirlos y tenerlos presentes en la etapa posterior de diseño y elaboración de programas y proyectos.

- Identificación o distinción de la demanda y de las necesidades detectadas: hay que saber diferenciar la perspectiva de la persona usuaria y la profesional. Es decir, distinguir entre lo que la persona solicita (demanda explícita) y lo que realmente necesita (necesidad objetiva). La identificación de las problemáticas se realiza conforme a una agrupación coherente por temáticas, ya que no se presentan de forma aislada, sino de forma conjunta en áreas de la vida de la persona y su entorno. Esto permite a el/la trabajador/a social hacer un análisis global, identificar prioridades de intervención y plantear un plan de acción coherente. Para la detección de las necesidades en Trabajo Social, se suele recurrir a dos clasificaciones que sirven para ayudar al profesional a comprender mejor la naturaleza del problema, delimitar su campo de acción y planificar estrategias de intervención adecuadas. Se trata, por un lado, de la clasificación de PIE (*Person-in-Environment System*), descrita por Wandrei y Karls (2008), que diferencia entre diferentes problemas organizados según cuatro factores: problemas de funcionamiento social, problemas con el entorno, problemas de salud mental, y problemas de salud física. Por otro, existe la clasificación de los problemas según Northen (1982) cuyo uso también se recurre en Trabajo Social, y que distingue entre: deficiente economía y recursos sociales; deficiente conocimiento y experiencia; reacciones emocionales al estrés; enfermedad o incapacidad, pérdida de relaciones, insatisfacción en las relaciones sociales, conflictos interpersonales, conflicto cultural, conflictos con organizaciones formales y mal funcionamiento grupal/familiar. Ambas clasificaciones se detallan en la Tabla 8 y Tabla 9.

Tabla 8. Sistema de clasificación PIE de Wandrei y Karls

Factor	Tipo	Problemas asociados
Factor I	Problemas de funcionamiento social	Se agrupan en cuatro categorías de roles: Familiares (paternos, conyugales, etc.); Interpersonales (afectivos, comunitarios, etc.); De ocupación: (trabajador, estudiante, etc.); y De situaciones especiales de la vida (inmigrante, consumidor, etc.); y se clasifican según la existencia de ciertos descriptores: − Aislamiento: sentirse apartado o excluido por otros. − Ambivalencia: estado de tensión interna que produce un conflicto de sentimientos sobre una persona o cosa. − Dependencia: estar influido o controlado por alguien. − Pérdida: cortar relación significativa con persona o cosa. Puede ser separación definitiva o transitoria por muerte, pérdida de rol o estatus, etc. − Poder: habilidad para hacer, actuar o influir en otros. − Responsabilidad: obligación de responder a ciertos requerimientos sociales (expectativas sociales, responsabilidades asignadas, interiorizadas o transmitidas por la cultura, etc.) − Víctima: cuando la persona se siente alienada e incapaz de controlar la situación de miedo.

Factor	Tipo	Problemas asociados
Factor II	Problemas con el entorno	Se centra en factores externos que afectan al funcionamiento social y al bienestar, siendo a su vez, subclasificados en: – Económicos/ necesidades básicas: necesidades de alimentación, vivienda, empleo, ayudas o transporte. – Educación: dificultades en la obtención de servicios educativos, carencias educativas o falta de oportunidades. – Sistemas judicial y legal: carencias en el acceso al sistema de justicia o dificultades legislativas para la defensa de los derechos. – Sistemas de salud, seguridad y servicios sociales: ausencia de servicios adecuados o impedimentos en su acceso (falta de recursos o seguridad en la comunidad, etc.) – Sistema de asociaciones voluntarias: ausencia de grupos de apoyo comunitario o rechazo por parte de la comunidad. – Soporte afectivo: inexistencia de redes de apoyo (familia, amigos, compañeros, vecindario).
Factor III	Problemas de salud mental	Descritos según informe médico, psicológico.
Factor IV	Problemas de salud física	Descritos según informe médico.

Fuente: García-Longoria (2000).

Tabla 9. Clasificación de problemas según Northen

Tipología	Descripción
Enfermedad o incapacidad	La alteración o menoscabo en la salud puede provocar problemas con las capacidades de las personas, así como en las circunstancias sociales, económicas y culturales. A su vez, la enfermedad o la incapacidad puede producir un agravamiento en la autopercepción.
Deficiente economía o recursos	Ingresos deficientes o carencia de recursos debido a problemáticas laborales, falta de trabajo, incapacidad para gestionar adecuadamente los ingresos y los gastos, etc.

Tipología	Descripción
Deficiente conocimiento y experiencia	Bajo nivel de conocimiento, falta de habilidades y experiencias útiles. Esto, además, influye en la calidad de las relaciones sociales.
Pérdida de relaciones	La pérdida de relaciones significativas puede ser origen de necesidades o problemas (fallecimiento de seres queridos, divorcios, institucionalización, etc.).
Conflicto cultural	Conflictos entre grupos por diferencias culturales, existencia de prejuicios y discriminación.
Conflicto interpersonal	Problemas o disfunciones, que hayan ocurrido o que existan, en las relaciones interpersonales.
Conflicto con organizaciones formales	Choques con el sistema de justicia, la administración pública o entidades privadas (denegación de ayudas, sanciones administrativas, etc.).
Mal funcionamiento grupal/familiar	Insatisfacciones o dificultades ocurridas en el núcleo familiar, o entre algunos miembros, en relación a los roles, lealtades, composición del grupo, manifestación del poder, etc.
Insatisfacción en las relaciones sociales	Existencia de dificultades en el desarrollo normalizado de las relaciones con los demás (problemas de comportamiento, falta de habilidades sociales, problemas intrapsíquicos, etc.).
Reacciones emocionales al estrés	Insuficiencia de habilidades o existencia de problemas para el afrontamiento de situaciones estresantes o de transformación, como pueden ser el cambio en las fases de desarrollo vital, acontecimientos vitales estresantes, imprevistos o poco planificados.

Fuente: García-Longoria (2000).

– Jerarquización de los problemas o necesidades: una vez delimitadas las problemáticas, precisando los tipos de problemas o situaciones a intervenir, se procede a diferenciar entre aquellos prioritarios y secundarios, dependiendo de su gravedad e intensidad.

Tanto el diagnóstico como la planificación o programación de la intervención social requieren un equilibrio entre el rigor metodológico y la utilidad práctica. Es decir, un diagnóstico muy técnico o académico, lleno de categorías teóricas, puede ser impecable metodológicamente, pero si no ayuda a planificar una intervención útil para unas personas destinatarias concretas, pierde su valor práctico. Además, en la fase inicial es importante distinguir entre la "valoración" que se realiza en el estudio y el "diagnóstico", que pertenece a la etapa interpretativa de la situación (García Herrero, 2008).

2.3.2. Diagnóstico

En Trabajo Social, el diagnóstico sirve para obtener una comprensión profunda de una situación social mediante la recopilación sistemática de información realizada en la etapa anterior, utilizando para ello métodos y técnicas de investigación y sistematización como son la observación, la entrevista y la recopilación y análisis documental. De esta forma, y tras el análisis de la información, el/la profesional puede elaborar una interpretación técnica que servirá para dar significado a la problemática, identificar sus causas y orientar la intervención más adecuada para su mejora o resolución.

El objeto y la naturaleza del diagnóstico social en Trabajo Social, es explicado por Díaz y Fernández (2013: 433) como:

> El proceso que sintetiza interpreta y conceptualiza la naturaleza y magnitud de las necesidades sociales en sus efectos, génesis y causas personales y sociales". Se trata más de una estimación e interpretación de las circunstancias y problemáticas que de una sistematización informativa, por lo que el diagnóstico requiere una cierta valoración y conceptualización de la información recabada.

El modelo clásico de las fases del diagnóstico social propuesto por Gordon Hamilton (1951) establece tres niveles fundamentales: un primer nivel que sintetiza descriptivamente la situación que se plantea; un segundo nivel para establecer las relaciones de causa efecto que condicionan la situación; y un tercer nivel de evaluación de los elementos potencialmente condicionantes. También, Rossell (1998) concibe la secuencia diagnóstica en tres momentos, la síntesis, interpretación y evaluación. Igualmente, Colomer (1974) incide en que la interpretación de datos incluye la descripción del problema, el análisis y relación de los factores condicionantes, principales núcleos de intervención y el pronóstico de la situación. En resumen, el diagnóstico recoge los resultados de la investigación, la descripción de los problemas, capacidades y recursos, así como la detección de los núcleos en los que hay que intervenir. Es una etapa puente entre las dos fases de aplicación del método o proceso de intervención en Trabajo Social. Constituye la base para programar acciones concretas, por lo que es imprescindible que se elabore con rigurosidad y coherencia. Un error en esta etapa se proyectará inevitablemente en las fases posteriores, en especial durante la planificación de la intervención. Para que un diagnóstico sea útil y eficaz debe ser, según Aguilar y Ander-Egg (2013):

- Completo: tiene que incluir toda la información verdaderamente relevante y significativa.

- Claro: debe recurrir a un lenguaje objetivo, sencillo y fácil de comprender, evitando los excesos en detalles, datos innecesarios y barroquismos. A veces se puede recurrir a la elaboración de cuadros y esquemas que complementen o simplifiquen la información.

- Preciso: que establezca y distinga cada una de las dimensiones y factores del problema, discrimine y brinde información útil para orientar la acción de manera concreta y específica.

- Oportuno: se realiza en un momento concreto que afectará a la toma de decisiones profesionales o a la intervención social. Por ello, la información debe estar actualizada, pues de lo contrario los datos podrían perder utilidad.

Este procedimiento valorativo se plasma en lo que se conoce como Informe de Valoración Profesional o Informe Diagnóstico, que recoge todos los datos obtenidos en la fase de estudio o investigación. El informe de valoración se define como un instrumento profesional que contiene las conclusiones del estudio previamente realizado y los aspectos interpretativos de la situación en que se fundamentará la intervención. A su vez, engloba los siguientes aspectos (García Longoria y Esteban Palomares, 2016):

- Resumen de los datos más destacados del estudio: estructura familiar, hechos vitales, antecedentes y evolución de las situaciones-problema, y factores relevantes como los culturales, sociales, formativos, laborales, hábitat, etc. La observación adquiere aquí un papel central, ya que permite reconocer e interpretar indicadores relevantes que ofrecen información significativa sobre la naturaleza y la magnitud del problema.

- Elaboración de la hipótesis diagnóstica: la hipótesis es una proposición razonada que el/la profesional plantea acerca del origen o causa de un problema o fenómeno, sustentada en la información preliminar recopilada. En el caso de estrategias explicativas se debe señalar si se confirma o se rechaza la hipótesis planteada. En el caso de otras estrategias se formula la hipótesis diagnóstica, para lo que se identifican los problemas que se consideran como causa/s, así como los que afectan a la situación, indicando la relación. Para realizar este paso, en primer lugar, hay que identificar las variables de la hipótesis. Consiste en determinar los factores que determinan la situación sobre la que se va a intervenir a partir de los problemas detectados. Esto es imprescindible para poder elaborar la hipótesis, que se trata de plantear explicaciones tentativas sobre la situación en base a las relaciones entre variables. Una variable es el objeto, proceso o característica que está presente, o supuestamente presente, en el fenómeno que se quiere estudiar. Proporcionan un marco de referencia y un sustento teórico-práctico cuya comprensión debe preceder a la acción, constituyendo la base para una interpretación rigurosa de la realidad. Las variables se entienden como condicionantes que definen y delimitan el ámbito de intervención, pudiendo desempeñar un papel causal o, al menos, explicativo respecto a los problemas sociales. Asimismo, su modificación provoca una modificación en otro objeto, proceso o característica (algo que puede variar o cambiar, que puede adoptar valores diferentes o ser una característica cambiante de un fenómeno). Las variables pueden ser dependientes, independientes o colaterales, según sean la causa, efecto o participen en el problema agravándolo o potenciándolo. Este paso servirá de base para la posterior elaboración de la hipótesis de trabajo o hipótesis diagnóstica y que orientará el resto de la intervención.

Tabla 6. Tipos de variables

Variable	Definición
Independiente	Son aquellas con valor concreto y que el/la investigador/a modifica de manera metódica dentro de unas condiciones que se mantienen constantes. Se identifican con la causa o antecedente de la situación.
Dependiente	Son aquellas cuyos valores están definidos por las variables. Se identifican con el efecto o consecuencia que ha producido la causa en la situación.
Colateral	Son aquellas que no son causa o efecto directo del problema pero que guardan una relación, ya que provocan su permanencia, agravamiento o aminoramiento. No explican por sí solas la situación, pero ayudan a comprender mejor la multicausalidad de los problemas sociales y a diseñar intervenciones más ajustadas.

Fuente: elaboración propia.

Podemos clarificar su elaboración con algunos ejemplos de hipótesis con identificación de variable independiente, dependiente y colateral:

Tabla 7. Ejemplos de tipos de variables

Hipótesis diagnóstica	Variable independiente	Variable dependiente	Variable colateral
El bajo rendimiento escolar de un menor está influido por la falta de apoyo familiar en el estudio.	Nivel de apoyo familiar en el estudio.	Rendimiento escolar del menor	Relación profesor-alumno

Hipótesis diagnóstica	Variable independiente	Variable dependiente	Variable colateral
La falta de apoyo familiar incrementa el riesgo de institucionalización de las personas mayores	Ausencia o bajo nivel de apoyo familiar	Riesgo de institucionalización (probabilidad de ingreso en residencia)	Grado de dependencia y tipo (física o cognitiva)

Fuente: elaboración propia.

– Propuesta de alternativas y contrato de intervención: a partir de la comprensión de la problemática social presentada, el/la profesional propondrá diferentes alternativas de acción. Estas opciones serán examinadas junto con las personas directamente afectadas con el propósito de elegir la estrategia de intervención que responda de la mejor manera a sus necesidades específicas. En este momento es necesario señalar qué problemas se abordarán en primer lugar, de acuerdo con la estrategia acordada con las personas destinatarias, pero también con la jerarquización de los problemas que previamente realizó el/la profesional. Es decir, se debe alcanzar un acuerdo sobre qué y cómo se va a intervenir primero (si será sobre la causa, el efecto o bien, sobre los problemas colaterales). Siempre será recomendable que el acuerdo alcanzado sea redacto y firmado de forma conjunta mediante la creación de un documento a modo de "contrato de intervención", organizado de manera clara y metodológica, donde se recoja todos los acuerdos y actuaciones de cada parte durante todo el proceso. Se trata de un informe final presentado en un formato de resumen técnico. En él se definirán el objetivo/s del cambio, los compromisos de cada uno, el número de entrevistas o sesiones de intervención, así como otras reglas que vayan a regir el proceso o la relación con el profesional.

2.3.3. Planificación

Se trata de una sistematización organizada y meditada de el/la profesional, que permite articular las estrategias para facilitar los objetivos planificados y aventurar así, un pronóstico delimitado. En la planificación se apoya y consolida la acción. Es el procedimiento para sistematizar la práctica racionalmente y bajo parámetros de búsqueda de eficacia y eficiencia, para modificar la situación problema y alcanzar los objetivos propuestos.

La planificación se entiende como un proceso que implica la aplicación de un conjunto de procedimientos orientados a incorporar mayor racionalidad y organización en un conjunto de actividades articuladas entre sí. Estas acciones, planificadas de manera anticipada, buscan alcanzar metas y objetivos específicos mediante el uso eficiente y estratégico de recursos limitados (Ander-Egg,1982).

Espinosa (1983) señala que la planificación surge cuando los recursos disponibles son escasos para atender una situación problemática y es necesario articular nuevas estrategias o prioridades, determinando los objetivos y la pronosticación de la situación en el futuro. Para elaborar las medidas a adoptar la planificación dispone de tres niveles, relacionados entre ellos, que avanzan de la generalidad, hacia la particularidad y la operatividad. Márquez y Pomar (2002) destacan los tres niveles de la fase de planificación:

- Plan: se constituye como el conjunto de programas que tratan de alcanzar los objetivos comunes. Es el marco que contiene las directrices a seguir para formular programas, proyectos y actividades concretas. Se trata de un conjunto organizado de fines, objetivos, metas, instrumentos, medios y recursos para lograr el desarrollo de un área determinada o de un sector concreto.

- Programa: referente a un conjunto de proyectos relacionados entre sí, como partes de las acciones encaminadas a alcanzar las metas y los objetivos del plan dentro de un periodo determinado.

- Proyecto: conjunto de actividades concatenadas que constituye la unidad más pequeña de un programa y que puede realizarse con independencia de otros proyectos. Es la dimensión más operativa y tiene su traducción directa en las actividades que se llevan a cabo para lograr los objetivos planteados.

El contenido de la planificación, o diseño de intervención, se determina sobre lo que Ander-Egg (1995) definió como el Modelo de las Nueve Cuestiones:

Tabla 10. Modelo de las Nueve Cuestiones

Cuestión		Descripción
¿Qué se va a realizar?	Naturaleza	Dar nombre a la actividad elegida. Delimitar la naturaleza de la acción.
¿Por qué?	Fundamentación o Justificación	Fundamentación de la acción en función al diagnóstico previo, explicando sobre qué y quién vamos a intervenir: sobre la persona, sobre otros, en qué aspectos, sobre qué problemas, situaciones o necesidades.

Cuestión		Descripción
¿Para qué?	Objetivos	Precisar los cambios que se indican como idóneos, enunciando los objetivos que queremos conseguir y distinguiendo los generales de los específicos.
¿A quién o para quién?	Destinatarios	Diferenciar las personas beneficiarias directas (o receptores principales de la acción) e indirectas (aquellas que se van a beneficiar de forma colateral).
¿Dónde?	Localización	Concretar el alcance y los espacios donde se procederá a la intervención.
¿Cómo?	Metodología de acciones y de evaluación	Detallar qué hay que hacer, definir las actividades y tareas a realizar (gestiones, visitas, entrevistas, consultas, etc.), técnicas, modelos y métodos.
¿Cuándo?	Calendario	Especificar el tiempo esperado para la realización de las actividades y establecer la frecuencia, periodos temporales y la secuencia de todo el proceso.
¿Con qué y con quién?	Recursos materiales, instituciones, humanos, etc.	Identificar los recursos disponibles y necesarios y enumerar los recursos humanos que se utilizarán.
¿Cuánto?	Presupuesto	Desglosar los tipos de gastos y el presupuesto disponible y/o necesario.

Fuente: Ander-Egg (1995).

Para comenzar con esta fase, el/la trabajador/a social debe elaborar el Plan de Intervención que es global e incluye todas las variables descritas en la hipótesis diagnóstica, integrando todos los problemas se hayan incluido en el Informe de Valoración-Diagnóstico.

Para facilitar la programación de la intervención en Trabajo Social, se recurre a una estructura simplificada en formato cuadro que nos permite relacionar los objetivos con las unidades de intervención, es decir, a quienes van enfocadas las actuaciones de los/las profesionales, junto con la concreción de las actividades a realizar, los recursos necesarios y las técnicas seleccionadas. Por último, se delimitan los espacios temporales y físicos de la intervención. En otras palabras, se especifica dónde se realizará y el tiempo que abarcará, y en su caso, la secuencia o las fechas concretas.

Tabla 11. Planificación (o programación) de la intervención

Objetivo general:					
Objetivos específicos	Unidad de atención	Actividades	Recursos	Técnicas	Calendario y lugar

Fuente: Sánchez Urios et al., (2024).

Tabla 12. Ejemplo de programación de la intervención individual

Objetivo general: 1) Potenciar la integración laboral de la persona usuaria					
Objetivos específicos	Unidad de atención	Actividades	Recursos	Técnicas	Calendario y lugar
Facilitar el acceso a recursos y programas de inserción laboral.	Persona Usuaria	Búsqueda de cursos de inserción laboral, selección conjunta del más adecuado. Derivación al área laboral de la institución. Inscripción en taller de búsqueda activa de empleo y elaboración de currículum. Seguimiento	Disponibles: Recursos humanos: orientador laboral del área de empleo y formación de la institución. Institucionales: área de empleo de servicios sociales. Materiales: ordenador, internet.	Entrevista Derivación Coordinación Seguimiento Evaluación	Marzo: Sesiones de dos horas, dos veces a la semana durante un mes en el área laboral de servicios sociales.

Fuente: Sánchez Urios et al., (2024).

2.3.4. Ejecución

En la ejecución, puesta en marcha o fase de intervención propiamente dicha, se lleva a la práctica la planificación o programación previa; por lo que va unida a la serie de acciones que el /la trabajador/a social lleva a cabo de forma profesional para ayudar al sistema-cliente a alcanzar los objetivos propuestos y siempre bajo la guía de los principios y valores éticos de la profesión. Se trata de una fase muy operativa, donde se llevan a cabo las acciones consensuadas entre el/la profesional y el sistema-cliente.

La etapa de ejecución del proceso de intervención en Trabajo Social deberá cumplir con determinadas condiciones que aseguren su adecuada implementación. En primer lugar, el/la profesional deberá adoptar un enfoque realista, sustentado en la disponibilidad efectiva de los recursos sociales y personales existentes. En segundo lugar, la intervención deberá mantener un carácter flexible, permitiendo la adaptación a contingencias y situaciones que emerjan durante el proceso; ya que pueden salir a relucir las trabas y las dificultades de implementación que se desconocían o no se habían considerado en la planificación. Además, el/la profesional deberá contar con la capacidad operativa necesaria para actuar en el momento oportuno y con la máxima eficacia, incorporando un grado de creatividad que posibilite la introducción de ajustes y la generación de nuevas acciones orientadas al cumplimiento de los objetivos establecidos (Ponce de León y Fernández García, 2014).

La ejecución, por tanto, implica movilizar recursos, poner en marcha las estrategias de acompañamiento, apoyo y capacitación de las personas usuarias, fomentando respuestas innovadoras y garantizando que puedan asumir responsabilidades, tomar decisiones libres y ejercer activamente su participación en la sociedad. En Trabajo Social está centrada tanto en la persona como en el medio social, partiendo de un enfoque global y plural, pues se inscribe en un contexto social, histórico, político, económico y cultural de la realidad social.

Su fin no es solo resolver las necesidades puntuales, sino promover cambios sostenibles que favorezcan el aprendizaje, el empoderamiento y la capacitación para resolver los problemas que perjudican el bienestar individual, familiar, grupal o comunitario. De este modo, la fase de ejecución supone pasar de la teoría a la práctica: implementar acciones, acompañar a las personas en la búsqueda de soluciones y favorecer procesos de empoderamiento que fortalezcan a las personas destinatarias.

2.3.5. Evaluación y seguimiento

La última fase del proceso metodológico del Trabajo Social es la evaluación. Sus objetivos son: valorar el grado de pertinencia, idoneidad, efectividad y eficacia de la intervención; aportar fundamentos para la toma de decisiones; identificar la aparición de efectos no previstos; y propiciar un análisis prospectivo que permita definir la naturaleza y modalidad de las intervenciones futuras.

Ponce de León y Fernández García (2014) sintetizan los elementos constitutivos más relevantes de la fase de evaluación. Explican que, gracias a ella, se pueden conocer los resultados, baremar los mismos, establecer su efectividad, su eficacia y puede convertir la experiencia en aprendizaje. Estará orientada a evaluar todo lo relativo a la situación social, al proceso en sí mismo y, lógicamente, a la evaluación de los resultados. Su característica más relevante es la recursividad, es decir, la capacidad de aprendizaje interactivo y participativo con la realidad, que posibilita mejorar y revisar constantemente la labor profesional. Además, con la evaluación pueden ocurrir dos cosas: a) que se cierre el proceso metodológico, finalizando la labor y aprendiendo de la experiencia profesional; o b) que se deba aplicar otra vez el proceso metodológico, incorporando en su caso, los respectivos cambios en el proceso. Esta aplicación del proceso puede que deba volver a comenzar desde la primera fase, aplicando este método tantas veces como la situación social cambie o requiera de un nuevo planteamiento.

Un requisito de la evaluación es delimitar previamente los indicadores, que son unidades de medida que permiten identificar, describir y evaluar de manera objetiva un fenómeno o proceso. Constituyen herramientas que posibilitan medir el nivel de avance y efectividad en el logro de los objetivos establecidos en la correspondiente fase de intervención. Los indicadores facilitan traducir en evidencias concretas los avances logrados. Es decir, actúan como referentes verificables que permiten observar los cambios producidos y valorar si los objetivos propuestos se están alcanzando.

Además, los indicadores no solo sirven para medir resultados finales, sino también para monitorizar el proceso de intervención, detectar desviaciones, realizar ajustes y justificar decisiones técnicas o estratégicas. Por ejemplo, pueden emplearse para valorar tanto el impacto (efectos a largo plazo) como la eficacia (grado en que se alcanzan los objetivos) y la eficiencia (relación entre los resultados obtenidos y los recursos empleados).

Los indicadores pueden ser cualitativos o cuantitativos. Entendemos por indicador cuantitativos aquel que cuantifica, es decir, que expresa cantidad o frecuencia de un hecho o fenómeno. Por ejemplo: el porcentaje de personas usuarias que obtienen un empleo tras un proyecto de inserción laboral. En cambio, los indicadores cualitativos apuntan hacia una cualidad de un fenómeno, es decir, lo caracterizan. Por ejemplo: la percepción de la existencia de desigualdades de género en un entorno laboral.

Tabla 13. Tipos de indicadores según su naturaleza

Cuantitativos	Permiten medir de forma numérica variables observables (porcentaje, tasa, número, frecuencia). Su ventaja es que facilitan comparaciones objetivas y el seguimiento temporal.
Cualitativos	Permiten captar dimensiones más subjetivas o simbólicas, como percepciones, actitudes o niveles de satisfacción, que son esenciales para comprender el significado y el valor de los cambios desde la perspectiva de los participantes.

Fuente: elaboración propia.

En Trabajo Social, la combinación de indicadores cuantitativos y cualitativos permite obtener una visión integral de la realidad, uniendo el rigor estadístico con la comprensión profunda del contexto social y humano en el que se actúa.

No obstante, la evaluación no significa el fin del proceso de intervención ni el término de la relación profesional entre el/la trabajador/a social y la persona usuaria. En muchas ocasiones, es preciso seguir apoyando el cambio o el mantenimiento de los logros alcanzados durante la intervención. Por ello, hablamos de la etapa de seguimiento. Ander-Egg (1993), lo define como el conjunto de acciones sistemáticas destinadas a verificar los cambios producidos y su consolidación en el proceso de intervención social, constituyendo así una garantía de sostenibilidad y eficacia en la práctica profesional. Su objetivo es detectar recaídas, nuevas dificultades o riesgos para actuar tempranamente y no mermar las mejoras obtenidas hasta ahora. Implica encuentros programados (visitas domiciliarias, entrevistas de control, llamadas, informes de seguimiento, etc.), siendo ajustados a las necesidades del caso y a la complejidad de la problemática. En caso necesario, se procederá al reajuste de la intervención o al cierre del proceso, siempre asegurando que existen los recursos y apoyos necesarios para la continuidad sin la intervención profesional directa.

Capítulo 3
Ámbitos de Intervención Social

Los/las profesionales del Trabajo Social actúan junto a personas, familias, grupos y comunidades en relación con su medio o contexto social, ubicando su intervención profesional en una gran pluralidad de ámbitos y sistemas institucionales y organizacionales como pueden ser: servicios sociales, sanidad, justicia, educación, empresas, organizaciones no gubernamentales (ONG´s), etc. En cuanto al sistema de servicios sociales, podemos distinguir dos niveles de atención social que se diferencian por su alcance y complejidad: servicios sociales de atención primaria y servicios sociales especializados.

3.1. Servicios Sociales de Atención Primaria

Los Servicios Sociales de Atención Primaria, se integran en Centros de Servicios Sociales generales o de atención primaria, en municipios de mayor número de habitantes, y directamente en los ayuntamientos en municipios pequeños. Todos prestan los servicios a través de las Unidades de Trabajo Social (UTS), que son la puerta de entrada o el cauce normal de acceso al sistema público de servicios sociales. Se diferencian de los servicios sociales especializados por su nivel de intervención, cobertura y funciones.

Los Servicios Sociales de Atención Primaria constituyen el primer nivel de atención, por lo que son servicios de proximidad, ubicados en barrios, municipios o zonas, y ofrecen atención básica, integral y preventiva a toda la población de un ámbito territorial. Se caracterizan por actuar de forma gratuita, cercana y universal, desde la detección de necesidades hasta la orientación y derivación a otros recursos. Por ello, son polivalentes, ya que ofrecen respuestas a las distintas necesidades sociales planteadas. Engloban los servicios, programas y actuaciones que tienen como finalidad atender las situaciones de dificultad social de personas y grupos.

El marco administrativo es el Plan Concertado de Prestaciones básicas, que recoge cuatro programas básicos de atención:

- Información y Orientación

- Alojamiento y Convivencia
- Inserción social
- Cooperación Social y Fomento de la Solidaridad.

Además de las prestaciones básicas anteriores, se prestan otros servicios o programas en los diferentes centros, como:

- Programa de Acompañamiento social para la inclusión social.
- Programa de atención a Familias en situaciones especiales.
- Programa de Atención a la Dependencia.

Las principales funciones que realizan son informar, asesorar, valorar, diagnosticar, elaborar planes de intervención y coordinación con otros sistemas. Sus objetivos son la detección temprana de situaciones de riesgo (desempleo, pobreza, maltrato, etc.), y la cobertura de las necesidades básicas, prevenir problemas sociales, promover la autonomía, la integración social y la participación comunitaria, ofrecer orientación y asesoramiento sobre derechos y recursos sociales disponibles, así como facilitar la integración en la comunidad.

La diferencia fundamental entre los Servicios Sociales de Atención Primaria y los Servicios Sociales Especializados reside en el nivel de atención y la población a la que se dirigen. Los servicios de Atención Primaria ofrecen una atención integral y polivalente a la población en general, mientras que los Servicios Sociales Especializados se enfocan en grupos específicos con necesidades más complejas o en situaciones de mayor vulnerabilidad.

3.2. Servicios Sociales de Atención Especializada

El Trabajo Social en los diferentes ámbitos se ocupa de mejorar las condiciones de vida de las personas y de los grupos más vulnerables, brindando apoyo, orientación y recursos para garantizar su integración y bienestar en la sociedad. Los servicios sociales especializados son recursos de mayor complejidad técnica y están dirigidos a problemáticas específicas que requieren intervención más intensiva o prolongada o enfocados en colectivos concretos de población que, por sus condiciones de edad, sexo, discapacidad u otras circunstancias, deben ser objeto de especial protección social, como personas con discapacidad, mayores, menores en situación de riesgo, etc.

El marco operativo donde se inserta la intervención profesional del Trabajo Social está constituido por el conjunto de instituciones y organismos que integran las diferentes áreas del bienestar social, públicas, privadas, concertadas o subvencionadas.

Dado que su nivel de atención se encuadra en situaciones más complejas y personalizadas, su finalidad es promover la autonomía, el bienestar y la integración social de estos grupos específicos, a través de programas y servicios especializados. Cada área de intervención responde a necesidades específicas, pero todas comparten el objetivo común de promover la justicia social, la igualdad y el respeto por los derechos humanos. Algunos de los ámbitos de atención especializada por parte de los servicios sociales se identifican a continuación.

3.2.1. Trabajo Social en Igualdad y Mujer

El objetivo del Trabajo Social en el ámbito de la mujer se centra, principalmente, en promover la equidad de género, prevenir y abordar situaciones de discriminación, violencia y desigualdad que afectan a las mujeres, y garantizar el acceso a derechos, recursos y oportunidades en condiciones de igualdad. Se han producido avances en materia de igualdad de género, con la creación y desarrollo de programas y servicios, y con el respaldo legislativo de: la Ley Orgánica 1/2004 de Medidas de Protección Integral contra la Violencia de Género; la Ley Orgánica 3/2007 para la Igualdad Efectiva de Mujeres y Hombres; Ley 1/2021 de Medidas Urgentes de Protección y Asistencia a las Víctimas de Violencia de Género, y la Ley Orgánica 15/2022 integral para la Igualdad de Trato y no Discriminación. Por ello, desde el Trabajo Social, se interviene en multitud de situaciones: casos de violencia de género, acoso laboral, mujeres en situación de pobreza, desempleo o exclusión social, así como en la promoción de la igualdad de oportunidades.

El/la trabajador/a social persiguen en este ámbito las siguientes cuestiones:

- Promoción y capacitación de las mujeres (empoderamiento).
- Atención y apoyo social mediante grupos de autoayuda.
- Formación y capacitación profesional para acceso al empleo de las mujeres.
- Facilitar el acceso a recursos para situaciones de desigualdad.
- Protección, apoyo, atención y prevención de la violencia machista, prostitución forzada y trata de mujeres.
- Favorecer la participación social de las mujeres.
- Generar programas que garanticen la igualdad real y efectiva entre hombres y mujeres.

Sus funciones prioritarias son la prevención y protección frente a situaciones de vulnerabilidad, discriminación o violencia de género, sensibilización y formación en igualdad de género en diferentes contextos, acompañar y asesorar en procesos de recuperación psicosocial e inserción sociolaboral, promover la igualdad de oportunidades y la autonomía económica y social de las mujeres.

3.2.2. Trabajo Social en Dependencia y Discapacidad

La aprobación de la Ley 39/2006, de 14 de diciembre, de Promoción de la Autonomía Personal y Atención a la Personas en Situación de Dependencia supuso un gran avance en materia de política social en nuestro país. Las modificaciones legales en materia de dependencia y discapacidad se pueden traducir en un fortalecimiento de los derechos de ciudanía y en el aumento de la participación profesional de los/as trabajadores/as sociales. Las actividades que llevan a cabo estos/as profesionales en el ámbito de la dependencia se relacionan, según Ballestero (2000) con:

- Colaborar en la evaluación de la dependencia y la planificación de recursos.

- Informar, orientar y gestionar servicios o recursos especializados como, por ejemplo, la atención domiciliaria.

- Promover el envejecimiento activo y prevenir el aislamiento social.

- Desarrollar programas para fomentar la autonomía personal y la participación social.

Las funciones de quienes ejercen el Trabajo Social en el proceso de valoración de la dependencia son:

- Valoración de la dependencia, donde se describa el entorno social de la persona.

- Colaboración en el diseño del Plan Individualizado de Atención, que supone la emisión de un dictamen que especifique la necesidad detectada y la pertinencia de los servicios y prestaciones, teniendo en cuenta la situación familiar, personal y social.

- Permitir la participación de la persona en el diseño del plan de atención.

- Coordinación interprofesional con áreas o servicios especializados. Por ejemplo, la coordinación entre los Servicios Sociales y de Salud que permitirá, además, mejorar las políticas y medidas de prevención.

Por otro lado, en cuanto a la discapacidad, el objetivo principal del Trabajo Social es ofrecer apoyos a personas con discapacidad física, psíquica o sensorial, garantizando su integración social, acceso a servicios y recursos, y su participación en la vida comunitaria (Verdugo, 2009). En este ámbito los/as profesionales del Trabajo Social pretenden lograr la máxima autonomía interviniendo en:

- Apoyo a la familia en el momento del diagnóstico.
- Colaboración con los servicios de valoración y orientación
- Creación y potenciación del asociacionismo y autoayuda.
- Promoción y aplicación de recursos adecuados y programas de respiro familiar.
- Eliminación de barreras físicas, psicológicas y sociales para desenvolverse de modo autónomo y disfrutar de una integración social plena.
- Defender los principios de igualdad de oportunidades hacia su integración plena.
- Gestionar ayudas técnicas: prótesis, sillas de ruedas, bastones, etc.
- Favorecer su inclusión educativa, social y cultural, garantizando el acceso a una educación equitativa, adaptada y de calidad, ya sea en centros ordinarios con apoyos o en centros de educación especial.
- Fomentar la integración profesional, facilitando la inserción social y la realización personal de todos los individuos. Además del trabajo normalizado existen otro tipo de alternativas para estas personas: los servicios de orientación y colocación, centros ocupacionales, centros especiales de empleo, enclave protegido (en empresas con personas sin discapacidad), autoempleo, trabajo a domicilio, etc.

3.2.3. Trabajo Social y Bienestar Familiar

Los Servicios de Bienestar Familiar están orientados a intervenir en las dinámicas familiares que puedan estar afectadas por situaciones de crisis, maltrato, abuso o negligencia. El objetivo es mejorar la cohesión familiar, promoviendo relaciones más saludables y garantizando el bienestar de todos sus miembros. Para ello, se interviene con en familias en crisis o con conflictos graves, se realizan acompañamientos en situaciones de separación o divorcio, se realizan acciones socioeducativas para la prevención del maltrato infantil y familiar; y se llevan a cabo programas de apoyo a la parentalidad para mejorar las relaciones familiares y la crianza. El Trabajo Social en los servicios de bienestar familiar interviene en:

- Situaciones y conflictos que desajusten la convivencia familiar (problemas de comunicación o de relación familiar, mediación, etc.).
- Situaciones de constitución familiar: planificación familiar, conciliación y apoyo a los distintos tipos de familias.

- Relaciones disfuncionales paternofiliales: infancia, adolescencia y juventud.

- Problemas de ingresos: conseguir recursos y educar en su administración.

- Situaciones de cuidado y atención a familiares en situación de dependencia, mayores y discapacidad.

3.2.4. Trabajo Social y Bienestar del Menor

Este ámbito se centra en la protección, el bienestar y la promoción de los derechos de la niñez, adolescencia y juventud. No fue hasta el siglo XX cuando se empieza a construir un reconocimiento político, legal y jurídico de los Derechos de la Infancia. Por ejemplo, en el Derecho Internacional destacan la Declaración Universal de los Derechos Humanos de 1948, la Declaración de los Derechos del niño y de la niña de 1959 (siendo su precedente la Declaración de Ginebra sobre los derechos del niño en 1924), y la Convención sobre los Derechos del Menor (Tratado Internacional de la ONU, 1989). En España se destaca, además de la Constitución de 1978, la Ley Orgánica 1/1996, de 15 de enero de protección jurídica del menor, y la modificación del sistema de protección por la Ley Orgánica 8/2015, de 22 de julio y la Ley 26/2015 de 28 de julio. Éstas ofrecen las claves de la reforma del sistema de protección a la infancia y la adolescencia:

- El interés superior del menor.

- Derecho del menor a ser escuchado.

- Deberes de los menores.

- Reforma de las instituciones de protección a la infancia y la adolescencia.

- Reformas en materia de adopción.

- Medidas en materia de violencia contra los menores.

- Menores con problemas de conducta.

- Reformas procesales.

- Menores extranjeros.

- Otras modificaciones (Ley 40/2003, de 18 de noviembre, de Protección a las Familias Numerosa; Ley 41/2002, de 14 de noviembre, básica reguladora de la autonomía del paciente y de derechos y obligaciones en materia de información y documentación clínica; etc.).

El principal aporte legislativo a tener en cuenta por el/la profesional es el desarrollo y aplicación del principio de interés superior del menor, como el conjunto de acciones y procesos tendentes a garantizar un desarrollo integral y una vida digna, así como las condiciones materiales y afectivas que permitan vivir plenamente y alcanzar el máximo de bienestar posible de los menores.

La intervención social se dirige a prevenir situaciones de riesgo, maltrato o abuso, y garantizar el acceso a una vida digna y con oportunidades. Por ejemplo, desde el Trabajo Social se interviene en situaciones de abandono. Estas ocurren cuando los progenitores no cumplen sus deberes de protección: alimento, vivienda, vestido o atención médica. El/la profesional se centra primero en los adultos, intentando su comprensión del problema o solucionando algún otro problema de fondo: crisis conyugales, falta de recursos etc. En caso de abusos o malos tratos la figura del profesional deberá ejercer su autoridad para sacar al menor de esa situación.

También interviene en casos de menores en situación de riesgo. Esto refiere a la desprotección que se produce cuando hay problemas en el entorno familiar y social del menor, que pueden afectar negativamente o limitar significativamente la capacidad de los progenitores o tutores para proporcionar un cuidado y atención adecuada a los menores y provocar la aparición de situaciones de desprotección infantil, como: marginación social, alto nivel de estrés, dificultades económicas, adicciones de los progenitores, maternidad/paternidad adolescente, aislamiento social, etc. El inadecuado cumplimiento de los deberes de protección engloba:

- Maltrato físico: acciones no accidentales por parte de los progenitores o personas cuidadoras que cause daño físico o enfermedad en el niño/a o le coloque en riesgo de padecerlo.

- Abandono físico: situación en la que las necesidades físicas básicas del menor (alimentación, vestido, higiene, protección y vigilancia en las situaciones potencialmente peligrosas, educación y/o cuidados médicos) no son atendidas temporal o permanentemente por ningún miembro del grupo conviviente.

- Maltrato emocional: hostilidad verbal crónica en forma de insulto, desprecio, crítica o amenaza de abandono y constante bloqueo de las iniciativas de interacción infantiles (desde la evitación hasta el encierro o confinamiento) por parte de cualquier miembro adulto del grupo familiar.

- Abandono emocional: falta persistente de respuesta a las señales (llanto, risa), expresiones emocionales y conductas procuradoras de proximidad e interacción iniciadas por el menor y la falta de iniciativa de interacción por parte de una figura adulta estable.

- Abuso sexual: Cualquier clase de contacto sexual con una persona menor de 18 años por parte de un adulto desde una posición de poder o autoridad.

Por tanto, las funciones principales con este colectivo son:

- Prevención de abusos y situaciones de riesgo.
- Intervención en situaciones de maltrato infantil y acogimiento familiar.
- Apoyo a jóvenes en riesgo de exclusión social o que han estado en situación de conflicto.
- Fomento de la autonomía juvenil mediante programas de formación y acompañamiento.
- Investigar las situaciones relativas a la protección de los menores.
- Programar y colaborar en el funcionamiento de centros de acogida y hogares alternativos.
- En procesos de adopción, desde el Trabajo Social, se actúa con los progenitores biológicos, y los acompaña en el proceso de toma de decisiones. También interviene en la selección de la familia adoptante, y en su supervisión una vez que el menor ha sido adoptado.

3.2.5. Trabajo Social con Personas Migrantes

En este ámbito, el Trabajo Social se centra en desarrollar una intervención profesional dirigida a acompañar, proteger, orientar e integrar a aquellas personas que se han desplazado de su país de origen, ya sea de forma voluntaria (migrantes) o forzada (refugiados/as), teniendo en cuenta su vulnerabilidad, derechos y dignidad. Este campo profesional se desarrolla a través de políticas e instituciones públicas y ONGs del Tercer Sector como centros de acogida y protección internacional, dispositivos de emergencia y frontera, Sistemas de protección a menores no acompañados (MENAs), etc.

El/la profesional promueve la integración social y cultural, el respeto por la diversidad y la convivencia multicultural, trabaja para garantizar los derechos de las personas migrantes o refugiadas, prevenir su exclusión o discriminación, facilitar el acceso a los recursos (vivienda, salud, educación, empleo, etc.) y acompañar en los procesos de regularización administrativa y protección internacional. Entre los objetivos profesionales están (Verde-Diego, 2024):

- Promover la acogida y atención de migrantes que llegan a nuestro país. Implica un diagnóstico personal y social de su situación, donde reciben asistencia personal (atendiendo necesidades básicas y alojamiento), médica y legal.

- Poner en marcha programas de sensibilización e información destinados a la población en general que favorezcan la inclusión social.

- Promover asociaciones y organizaciones que atiendan y trabajen con migrantes para la adaptación e integración de éstos en la sociedad.

- Promover programas de formación sociocultural y laboral, aprendizaje de la lengua de la comunidad receptora y complementación de conocimientos sobre la ocupación de los inmigrantes de cara al empleo.

Entre los recursos de la Administración en materia de migrantes destacan: campañas de sensibilización social contra la xenofobia y el racismo, asesoramiento jurídico y sanitario, ayudas de emergencia para grupos con vulnerabilidad física, psíquica y social que precisan apoyo adicional para su integración; ayudas educativas y formativas para aprender el idioma e iniciar estudios en nuestro país; ayudas para el retorno voluntario de personas y sus familias a su país de procedencia, ayudas para la integración sociolaboral, ayudas a ONG's para fomentar el voluntariado social para este sector, y lo más importante: intervenir para defender los Derechos Humanos y la dignidad, evitando que se produzca una devaluación en sus derechos de ciudadanía.

3.2.6. *Trabajo Social con Personas sintecho y Exclusión Social*

La exclusión social es un proceso complejo que implica la pérdida de derechos, recursos y participación en la vida económica, social, política y cultural. No se trata solo de pobreza material, sino también de aislamiento social, desempleo o precariedad laboral, discriminación (por origen, género, orientación sexual, etc.) y falta de acceso a servicios básicos (salud, educación, vivienda). Por su parte, las personas sintecho son aquellas que viven en la calle, en albergues o en alojamientos temporales y no disponen de un hogar estable, seguro y adecuado. Esta situación se conoce también como "sinhogarismo".

El sinhogarismo es una manifestación extrema de la exclusión social, en la que se acumulan múltiples factores de vulnerabilidad: falta de vivienda, salud deteriorada, escasez de redes familiares o sociales, estigmatización, y dificultades para acceder a recursos sociales o laborales. FEANTSA (Federación Europea de Organizaciones Nacionales que trabajan con Personas sin Hogar) en 2017, clasificó el sinhogarismo en cuatro categorías (tipología ETHOS):

- Sin techo: personas que duermen en la calle o en espacios no aptos para vivir.

- Sin vivienda: alojadas temporalmente en refugios o albergues.

- Vivienda insegura: personas en riesgo de desahucio o violencia doméstica.

- Vivienda inadecuada: habitan en espacios precarios (infraviviendas, chabolas, hacinamiento).

Este ámbito se enfoca en la atención a personas en situación de calle o que padecen exclusión social severa. La intervención busca mejorar sus condiciones de vida y ofrecerles recursos para su reintegración social. Este espacio profesional para el Trabajo Social está constituido por los servicios sociales municipales especializados, como Servicios de Emergencia Social (SEMAS) e Instituciones del Tercer Sector (Jesús Abandonado, Traperos de Emaús, RAIS, etc.). Los objetivos del Trabajo Social tienen que ver con las necesidades del colectivo:

- Ausencia o ruptura sociofamiliar: recuperar vínculos y hacer trabajo en Red.
- Carencia de estabilidad económica: proporcionar recursos/formación/trabajo.
- Falta de vivienda: proporcionar alojamientos alternativos.
- Problemáticas asociadas (salud mental, adicciones, prostitución...): atención y derivación a recursos especiales.
- Dignificar a la persona: visibilidad social como objetivo principal.

El Trabajo Social aborda el sinhogarismo y la exclusión social mediante un enfoque integral e interdisciplinar, que incluye:

- Atención de emergencia (alojamiento, comida, higiene).
- Acompañamiento social para acceso a recursos y derechos.
- Intervención en salud, empleo, vivienda y redes comunitaria
- Proveer alojamiento de emergencia y servicios de alimentación.
- Apoyo y seguimiento en los procesos de rehabilitación social, inserción laboral y recuperación de la autonomía personal.
- Asesoramiento y apoyo en el acceso a derechos y servicios básicos.

3.2.7. Trabajo Social en el Ámbito Educativo

El Trabajo Social en el ámbito educativo es una intervención especializada que tiene como objetivo garantizar la inclusión social y educativa del alumnado, apoyar a las familias, y facilitar la coordinación entre el centro educativo, los recursos sociales y la comunidad. Su labor se orienta especialmente hacia la prevención y atención de desigualdades, prevenir el absentismo y el abandono escolar, así como identificar e intervenir sobre situaciones de vulnerabilidad social que afectan al proceso educativo.

En España, estas funciones son desarrolladas por los Profesores Técnicos de Servicios a la Comunidad (PTSC). Se trata de una figura educativa con formación en Psicología, Trabajo Social, Educación Social o similares, que forma parte del equipo de orientación en centros educativos. Los ámbitos o espacios profesionales en el sistema educativo son (Sáez-Olmos, 2025):

– Equipos de Orientación Educativa y Psicopedagógica (EOEP): trabajan por zona geográfica y van dirigidos a la etapa de Educación Primaria. Sus funciones generales son: apoyo directo a los centros a través de un representante, admisión-escolarización, realizando dictamen de los alumnos con necesidades educativas especiales (ACNEE), asesoramiento en las tareas de planificar, programar y poner en marcha los temas transversales (como la educación en valores), coordinación entre los centros en cambio de etapas (Educación Infantil, Primaria, Secundaria) y coordinación con los servicios sociales y de salud.

– Las Unidades o Departamentos de Orientación: las primeras para la etapa de educación primaria y los segundos para la etapa de educación secundaria. Estos equipos trabajan por centro educativo y sus funciones generales son: prestar apoyo especializado, colaborar en la prevención y detección de dificultades o problemas de desarrollo personal, social y de aprendizaje que pueda presentar el alumnado, realizar evaluaciones psicopedagógicas, dictámenes de escolarización y otros informes, prestar atención individualizada al alumnado, favorecer la interacción entre los integrantes de la comunidad educativa y facilitar la coordinación entre los profesionales de la orientación de los distintos centros.

3.2.8. Trabajo Social en Justicia

En este ámbito el Trabajo Social interviene en el sistema de justicia, apoyando a personas en situaciones de conflicto legal, especialmente aquellas que se encuentran en situaciones de vulnerabilidad. En el ámbito judicial, las funciones de las de los/as trabajadores/as sociales son:

Intervenir con las víctimas de los delitos y sus familias.

– Participar en los programas de tratamiento y rehabilitación de las penitenciarías.

– Tramitar las peticiones de personas presas y potenciar los vínculos sociales y familiares con aquellos que se encuentren aislados.

– Informar, orientar y gestionar recursos que pueden precisar las personas en situación de privación de libertad y a sus familias durante el internamiento y en el proceso de reinserción social durante la excarcelación.

- Intervenir con las familias de las personas en situación de privación de libertad que permita un entorno más propicio para la excarcelación y su inserción social.

- Evaluar la situación sociofamiliar de los implicados en procesos judiciales (custodias, divorcios, delitos) y elaborar informes para jueces y tribunales.

- Acompañamiento y apoyo psicosocial a personas involucradas en procesos judiciales.

- Proponer, diseñar e implementar medidas alternativas a la prisión, dado el enorme coste que supone la institución penitenciaria y los resultados tan reducidos que se obtienen en la mayoría de las ocasiones.

- Realizar seguimiento y dirección de programas sociales para el cumplimiento de la pena de trabajo en beneficio de la comunidad.

- Actuar como perito mediante informes sociales.

Los espacios judiciales en los que el/la profesional del Trabajo Social desarrolla sus funciones son:

- Juzgados y tribunales: están integrados en los equipos psicosociales y multidisciplinares para el asesoramiento a jueces y fiscales, adscritos a juzgados de familia, penal, menores, violencia de género, etc., realizando orientación y provisión de recursos y elaboración de informes.

- Instituciones penitenciarias: apoyo a la reinserción social de personas privadas de libertad (reeducación, reinserción, acceso a recursos sociales) y fuera de las penitenciarías haciendo seguimiento de libertad vigilada, apoyo la reinserción y gestión de recursos para reinserción.

- Oficinas de atención a víctimas del delito (OAVD).

- Centros de mediación o ejecución de medidas judiciales.

- Entidades del tercer sector: apoyo a personas en procesos judiciales o cumplimiento de penas alternativas.

3.2.9. Trabajo Social en Salud

El Trabajo Social en el ámbito sanitario tiene como objetivo proporcionar apoyo psicosocial a pacientes y sus familias, facilitar el acceso a la salud y la rehabilitación, y abordar los factores sociales, familiares, económicos y culturales que inciden en la salud y el bienestar de las personas, y que pueden influir en su tratamiento, recuperación y calidad de vida. Se basa en una visión integral y biopsicosocial de la salud, considerando que las enfermedades no solo tienen causas biológicas, sino también determinantes sociales que deben abordarse para lograr una atención sanitaria completa. Se lleva a cabo en centros de salud, hospitales públicos y privados, unidades de salud mental, equipos de cuidados paliativos, servicios de urgencias y emergencias, etc. Sus funciones son:

- Asistencial y preventiva.

- Información y orientación.

- Acompañamiento a pacientes y familiares en situaciones de enfermedad o discapacidad.

- Apoyo a pacientes crónicos o terminales.

- Gestión de recursos y apoyo en la prevención de enfermedades.

- Coordinación entre los servicios sanitarios y sociales.

- Colaboración en el diagnóstico de salud de una comunidad.

- Potenciación de la participación de las personas usuarias.

- Campañas y programas de prevención y promoción de salud.

3.2.10. Trabajo Social en adicciones

La adicción es una necesidad o dependencia obsesiva y compulsiva hacia una sustancia, actividad o relación que arrastra a la persona lejos de todo lo demás que le rodea. Debemos distinguir entre uso, abuso y dependencia. El uso es el consumo puntual de una sustancia que no produce consecuencias negativas en el individuo; el abuso constituye el uso continuado a pesar de las consecuencias negativas derivadas del mismo; y la dependencia surge con el uso excesivo de una sustancia, que genera consecuencias negativas significativas a lo largo de un amplio período de tiempo (tolerancia y síndrome de abstinencia).

Entre los factores de riesgo asociados a las adicciones, podemos encontrar el fracaso académico, problemas familiares, baja autoestima o comorbilidad con otros trastornos psiquiátricos. A su vez, existen dos tipos de adicciones: con sustancia y sin sustancia. Las primeras refieren a cualquier sustancia química de origen natural o sintético que, al interior de un organismo viviente, puede modificar su percepción, el estado de ánimo, cognición, conducta o funciones motoras (cannabis, alcohol, cocaína, anfetaminas, tabaco, opiáceos, etc.). Por otro lado, las adicciones sin sustancia conllevan conductas repetitivas que resultan placenteras, al menos en las primeras fases, y que generan una pérdida de control en la persona, interfiriendo de manera grave en su vida cotidiana, a nivel social, laboral y familiar (juego patológico, tecnoadicciones, compras compulsivas, etc.). No obstante, en todos los tipos de adicción podemos observar una serie de características comunes:

- Negación del problema.

- Síndrome de abstinencia.

- Ansiedad, necesidad incontrolable.

- Descontrol progresivo de la propia conducta.

- Malestar e irritabilidad.

- Abandono de intereses y relaciones previas.

- Necesidad de más tiempo (tolerancia).

El Trabajo Social en el ámbito de las adicciones desempeña un papel clave en la prevención, intervención, tratamiento y reinserción social de personas con problemas de consumo de sustancias psicoactivas o conductas adictivas sin sustancia (como el juego patológico, las compras compulsivas, etc.). Se trata de una intervención multidimensional que considera los factores personales, familiares, sociales, económicos y culturales que influyen en las adicciones, con el fin de promover el cambio y la recuperación integral de la persona. Sus funciones son:

- Intervención psicosocial en personas con adicciones (alcohol, drogas, juego, etc.).

- Desarrollo de programas de prevención y sensibilización.

- Apoyo en el proceso de rehabilitación y reintegración social.

- Asesoramiento a familias afectadas por las adicciones.

Entre los recursos podemos destacar: los centros de atención a drogodependencias (CAD), Servicios Municipales de Información y Asesoramiento sobre Drogas, centros de día, comunidades terapéuticas, programas de prevención escolar y comunitaria, y entidades del tercer sector y ONGs especializadas en este sector (La Huertecica, Cruz Roja, etc.).

3.2.11. Trabajo Social en el ámbito rural

El Trabajo Social en el ámbito rural es una especialización de la disciplina que adapta sus métodos, enfoques e intervenciones a las características, necesidades y potencialidades al medio rural, abordando las necesidades sociales de las personas que residen en estas áreas.

La Ley 45/2007, de 13 de diciembre, para el Desarrollo Sostenible del Medio Rural es una norma del ordenamiento jurídico español que establece el marco para impulsar un desarrollo rural integral, sostenible, equilibrado y justo en las zonas rurales del país. Su objetivo es promover la calidad de vida en el medio rural, garantizando el acceso a servicios básicos, oportunidades económicas, cohesión social y conservación del patrimonio natural y cultural, bajo los principios del desarrollo sostenible. Esta Ley distingue entre:

- Medio rural: el espacio geográfico formado por la agregación de municipios o entidades locales menores definido por las administraciones competentes que posean una población inferior a 30.000 habitantes y una densidad inferior a los 100 habitantes por km2.

- Zona rural: ámbito de aplicación de las medidas derivadas del Programa de Desarrollo Rural Sostenible regulado por esta Ley, de amplitud comarcal o subprovincial, delimitado y calificado por la Comunidad Autónoma competente.

- Municipio rural de pequeño tamaño: el que posea una población residente inferior a los 5.000 habitantes y esté integrado en el medio rural.

Entre las características del espacio rural podemos encontrar (Cruz y De La Red, 2000):

- Escasez poblacional y con tendencia al descenso demográfico: es la España vacía actual, con posible variabilidad estacional y/o proyectos de recuperación. Sin embargo, en los últimos años y, sobre todo, tras el confinamiento se habla del "retorno al medio rural".

- Economía basada en la agricultura y la ganadería, con tendencia a la ampliación de la producción a través de la ecología y el turismo.

- Escasez de recursos profesionales y técnicos, aunque hay nuevos lugares de explotación económica y patrimonio cultural.

- Redes sociales y familiares de apoyo más fuertes: más relaciones interpersonales y mayor calidad de vida.

- Más participación ciudadana y mayor sentimiento de pertenencia e identidad con personas y con el entorno.

- Mayor control social: estigma y miedo a la exposición social.

Algunas de las particularidades sociales, geográficas y económicas que presenta este contexto, exigen respuestas específicas por parte del Trabajo Social. Algunas de las actuaciones son:

- Corregir las desigualdades existentes entre la población y prevenir posibles situaciones de riesgo y exclusión.

- Mejorar las infraestructuras existentes y facilitar la creación de nuevos servicios y equipamientos.

- Organizar y descentralizar los servicios en función de las características del territorio y la distribución de la población.

- Abordar el despoblamiento y mejorar el acceso a recursos básicos (educación, salud, servicios sociales).

- Generar posibilidades de empleo y formación, facilitando la conectividad social y el acceso a programas de desarrollo local y sostenibilidad.

- Facilitar el retorno y adaptación al medio rural, fomentando la autonomía y la cohesión comunitaria en las zonas rurales.

3.3. Nuevos contextos de intervención e innovación social

Las características de los nuevos contextos profesionales del Trabajo Social reflejan los profundos cambios sociales, económicos, políticos, tecnológicos y demográficos de las últimas décadas que afectan a las comunidades y a los individuos. Estos contextos demandan la adaptación del Trabajo Social a las nuevas realidades y necesidades de la población, ampliando y redefiniendo los espacios de intervención profesional. Nuestra disciplina debe responder a nuevas demandas de transformación social, participación colectiva y cambio estructural. (Fernández, 2021)

Los grandes cambios que inciden en lo social son:

- Económicos y laborales: Los procesos de exclusión social, vulnerabilidad y pobreza agravan la situación de las poblaciones más debilitadas. Las transformaciones y crisis económicas están expulsado o impidiendo el acceso al mundo laboral de un número importante de personas. Desde la crisis del 2008, los empleos son más inestables, a tiempo parcial, mal pagados y con contratos de corta duración, dando lugar a la Nueva pobreza laboral.

- Tecnológicos: Están muy ligados a los cambios económicos. El desarrollo técnico en la industria, el comercio y los empleos terciarios, ha llevado a un alto grado de automatización y de robotización de las tareas. La circulación mundial de la información y de la comunicación cada vez más acelerada, acorta las distancias y el tiempo y nos hace vivir en el momento presente e inmediato. Estos cambios han acarreado un crecimiento de la desocupación, sobre todo de las personas poco cualificadas, y también han favorecido un alto nivel de información y acceso a la comunicación.

– Demográficos: Tienen que ver con el envejecimiento de la población en los países ricos e industrializados debido a los progresos de la medicina, a la mejora de las condiciones de vida, y a un aumento constante de la esperanza de vida. La tasa de mortalidad disminuye, pero también la tasa de natalidad, pues las familias con un solo hijo son cada vez más numerosas. Estas transformaciones demográficas traen problemas aparejados en la vejez, aumento de las situaciones de dependencia y, por lo tanto, problemas de escasez de personas productoras de riqueza. También se debe tener en cuenta los cambios en las familias, el cuestionamiento de los roles tradicionales y las transformaciones en su estructura: los matrimonios descienden, el número de divorcios aumenta, aparecen nuevas formas de familias, etc. Por otra parte, el aumento de los movimientos migratorios, también plantean un nuevo escenario para la convivencia y la integración social.

– Sanitarios: Los cambios en el ámbito de la salud se relacionan con los comportamientos adictivos tradicionales como el alcohol, la nicotina y los productos ilícitos en el mercado de la droga que alcanzan a jóvenes cada vez en edad más temprana, y la aparición de nuevas enfermedades y pandemias. Por ejemplo: la situación socioeconómica producida por la covid-19. Los avances de la ingeniería genética y la reproducción asistida plantean también nuevas cuestiones bioéticas y sociales.

Fruto de estas transformaciones, han emergido nuevos contextos de intervención para el Trabajo Social. Algunos de los principales son los que se exponen a continuación.

3.3.1. Trabajo Social en empresa

El/la trabajador/a social debe intervenir en la promoción de la empleabilidad, ofreciendo orientación laboral, formación y capacitación en nuevas habilidades; así como desarrollar programas que promuevan la inclusión laboral de los colectivos más vulnerables (jóvenes, mujeres, migrantes, personas con discapacidad, etc.), mediante políticas activas de empleo y el emprendimiento social. Una figura clave para ello es el profesional del Trabajo Social en empresas (también llamado trabajo social en el ámbito laboral o empresarial) desarrolla su labor promoviendo el bienestar de las personas trabajadoras, la mejora del clima laboral y la Responsabilidad Social Corporativa (RSC), integrando las dimensiones social, emocional y familiar dentro del entorno organizacional (Centenero, 2025). La incorporación del Trabajo Social en el ámbito empresarial tiene como propósito la mejora de la productividad a través del bienestar:

- Informar sobre recursos propios de la empresa o externos a la misma.
- Gestionar subvenciones o prestaciones para el personal empleado o para la empresa.
- Colaboración en el estudio y elaboración de propuestas sobre las condiciones óptimas del trabajo.
- Participar en el Departamento de Recursos Humanos para realizar mediación laboral y ayudar a resolver conflictos.
- Diseñar acciones de compromiso social de la empresa (RSC).
- Promover el bienestar, la conciliación y la gestión de la diversidad.

3.3.2. Trabajo Social en vivienda

La vivienda no es solo un bien material, sino un derecho fundamental y un factor decisivo en la calidad de vida, inclusión y dignidad de las personas. En España, el derecho a la vivienda digna está recogido en el artículo 47 de la Constitución Española pero cada vez es más complejo debido al contexto actual de crisis habitacional, desigualdad social y aumento de la exclusión residencial.

El Trabajo Social en el ámbito de la vivienda consiste en la intervención profesional dirigida a garantizar el acceso, mantenimiento y disfrute de una vivienda adecuada, especialmente para personas o colectivos en situación de vulnerabilidad o exclusión residencial. Se desarrolla principalmente en el ámbito público de los servicios sociales especializados, oficinas de vivienda, Comunidad Autónoma y/o municipios, y a través de entidades del tercer sector (Cáritas, Provivienda, RAIS, etc.). Entre sus objetivos están (Sánchez et al., 2017):

- Prevenir y atender situaciones de pérdida de vivienda o desahucio.
- Acompañar en procesos de acceso a vivienda pública o social.
- Mediar entre inquilinos, propietarios e instituciones.
- Apoyar a personas sin hogar en su proceso de inserción residencial.

- Promover condiciones de habitabilidad digna.

- Detectar y canalizar casos de infravivienda, hacinamiento o vivienda insegura.

- Estudiar la situación social para la adjudicación de viviendas sociales y realizar el seguimiento de las adjudicaciones.

- Orientar sobre recursos de viviendas.

Para lograr estos objetivos, el/la trabajador/a social realiza una serie de actuaciones como son:

- Valoración de la situación socioeconómica y habitacional.

- Elaboración de informes sociales de vivienda (para ayudas, realojos, acceso a vivienda protegida).

- Intervención con familias en riesgo de desahucio.

- Coordinación con servicios sociales, juzgados, oficinas de vivienda y entidades del tercer sector.

- Apoyo en procesos de inclusión social desde una perspectiva residencial.

- Trabajo comunitario en zonas con problemática habitacional.

3.3.3. *Trabajo Social en emergencias*

El aumento de fenómenos como el cambio climático, las pandemias, las crisis migratorias o los conflictos sociales ha generado nuevos riesgos sociales que exigen respuestas interdisciplinares, donde la disciplina del Trabajo Social aporta un valor único. Por ello, el Trabajo Social en situaciones de emergencias representa una evolución y expansión del rol profesional. Aunque nuestra profesión ha estado presente en muchas emergencias, su papel específico no siempre ha sido reconocido formalmente. Desde catástrofes recientes (como el 11M, la pandemia de COVID-19, la DANA de 2024 en Valencia, los incendios de Canarias), se ha empezado a integrar su figura con más claridad en los equipos de intervención.

Se desarrolla principalmente en el ámbito público y forma parte de un equipo multidisciplinar. Constituye una rama especializada de la profesión que interviene en situaciones de crisis, catástrofes naturales o conflictos sociales, desde una perspectiva integral y de derechos humanos. Entre sus objetivos están (Sánchez-Rivas, 2025):

- Atender las necesidades sociales básicas y urgentes de la población afectada.

- Prestar apoyo social a personas y comunidades en shock o en duelo.

- Restablecer la autonomía y los vínculos sociales y comunitarios.

- Evitar situaciones de desprotección, exclusión o discriminación.

- Facilitar el acceso a recursos, ayudas y servicios sociales.

- Participar en la reconstrucción del tejido social.

Las principales funciones profesionales que realiza son (Sánchez-Rivas, 2025):

- Identificación de características comunitarias y detección de recursos y factores de riesgo según zonas geográficas.

- Valoración y detección de necesidades urgentes.

- Colaboración en planes de emergencias y protocolos de actuación profesional.

- Organización y coordinación de recursos humanos y materiales.

- Información y orientación a la ciudadanía y gestión de recursos inmediatos.

- Coordinación con otras instituciones y organismos.

3.3.4. Trabajo Social con el colectivo LGBTI+

El Trabajo Social con el colectivo LGBTI+ (lesbianas, gais, bisexuales, trans, intersexuales y otras identidades no normativas) tiene como eje central la promoción de derechos, la equidad, la inclusión y la eliminación de toda forma de discriminación basada en la orientación sexual, identidad o expresión de género. Este colectivo presenta algunas características que deben ser objeto de atención por parte de los/as trabajadores/as sociales como es mayor exposición a violencias estructurales (bullying, violencia familiar, laboral, institucional) o rechazo sociofamiliar que puede llevar a desarraigo o vulnerabilidad. Por ello, sus objetivos principales son (Maroto, 2006; Hernández-Melián, 2025):

- Defender los derechos humanos del colectivo LGBTI+.

- Prevenir y atender situaciones de discriminación, violencia y exclusión social.

- Acompañar procesos de autonomía, empoderamiento y construcción de identidad.

- Fomentar la igualdad de oportunidades y la convivencia en la diversidad.

Las funciones principales que se realizan desde el Trabajo Social con este colectivo son:

- Apoyo y acompañamiento a víctimas de discriminación o violencia, especialmente LGTBIfobia o transfobia.

- Intervención familiar para facilitar procesos de aceptación y reconciliación en casos de rechazo familiar.

- Mediación, educación en diversidad y sensibilización institucional en centros educativos, sanitarios, laborales, penitenciarios o sociales.

- Orientación sobre derechos, cambios registrales de nombre/género, legislación antidiscriminatoria, protección frente a delitos de odio.

- Acción política y defensa de derechos LGBTI+.

3.3.5. *Trabajo Social en sostenibilidad y justicia ambiental*

El Trabajo Social en sostenibilidad y justicia ambiental es un ámbito emergente y cada vez más relevante dentro de la disciplina, que integra la preocupación por los derechos humanos, el bienestar social y la protección del medio ambiente, contemplando el cambio climático como problema social. Se fundamenta, pues, en incorporar la justicia ambiental como parte de la justicia social, abordando la relación entre las personas, las comunidades y el entorno ecológico. La justicia ambiental implica que todas las personas, independientemente de su clase social, origen o género, tengan acceso a un medio ambiente sano y participen en la toma de decisiones ambientales que les afectan.

Para ello, aparte del compromiso ético de la profesión, se habla de Trabajo Social Verde, concepto introducido por Dominelli (2012) y centrado en el compromiso ecológico del Trabajo Social para apoya a comunidades afectadas por la contaminación industrial, el cambio climático, los desplazamientos por desastres naturales o la falta de acceso al agua, tierra o energía limpia. La finalidad de la intervención es promover modelos de vida sostenibles, proteger los recursos naturales y defender el derecho de todas las personas a vivir en un ambiente saludable.

Entre las funciones está el diagnóstico e intervención en zonas afectadas por degradación ambiental, ofrecer apoyo a comunidades en riesgo o desplazadas ambientalmente, facilitar los procesos de participación comunitaria y defensa de derechos ambientales, ofrecer educación ambiental con enfoque crítico y desarrollar el trabajo en red con ONGs, instituciones ambientales y movimientos sociales.

3.3.6. *Trabajo Social en diversidad familiar*

Las estructuras familiares han cambiado significativamente en las últimas décadas. Las familias nucleares tradicionales han dado paso a una gran variedad de configuraciones familiares, como familias monoparentales, familias multiespecie, familias reconstruidas, parejas del mismo sexo y familias multigeneracionales (Sáez-Olmos et al., 2023). Esto ha traído consigo nuevos desafíos para el Trabajo Social en cuanto a la atención a las dinámicas familiares y la gestión de conflictos familiares (López, 2020).

El objetivo principal del Trabajo Social con los nuevos modelos familiares es diseñar las estrategias de intervención social que se adapten a las diferentes realidades familiares. Para ello, van implícitas una serie de funciones como son: ofrecer apoyo a las dificultades a las que se enfrentan, gestión de los conflictos, proveer recursos especializados, defensa de los derechos de los integrantes de la familia, promover su participación y reconocimiento social. Sin embargo, el/la trabajador/a social también se encuentra con retos en este ámbito como es la estigmatización social o la invisibilidad de las nuevas formas familiares en las políticas públicas o la ausencia de protocolos adaptados a estas realidades en algunos servicios sociales.

Capítulo 4
Técnicas e Instrumentos de Análisis e Intervención Social

En el ejercicio profesional del Trabajo Social, las técnicas y los instrumentos constituyen elementos esenciales para la intervención planificada, sistemática y eficaz. Las técnicas se entienden como los procedimientos prácticos que utilizan los/las profesionales para alcanzar determinados objetivos profesionales como puede ser la entrevista o la observación. Se definen como "el conjunto de habilidades, destrezas, procedimientos y recursos adquiridos mediante el aprendizaje y la práctica profesional, que permite la obtención, el análisis, el tratamiento y el registro de la información que guía el proceso metodológico de Trabajo Social" (Fernández García y Ponce de León, 2012: 293). Los instrumentos, por su parte, son los medios materiales o formatos específicos que facilitan la aplicación de esas técnicas, como el historial social, el informe social, las escalas de valoración o los cuestionarios. La diferencia entre ambos conceptos radica en que la técnica implica acción o procedimiento, mientras que el instrumento es el soporte o herramienta que ayuda a ejecutar dicha acción (Martínez Rodríguez y Martínez González, 2018). Por ejemplo, la entrevista es una técnica, pero la guía de entrevista es un instrumento que la apoya.

Dentro del Trabajo Social, las técnicas e instrumentos pueden responder a enfoques cuantitativos o cualitativos, en función de los objetivos, del tipo de información requerida y del contexto de intervención. El enfoque cuantitativo se centra en la medición objetiva de variables y en el uso de datos numéricos para identificar patrones o evaluar resultados. Este enfoque se centra en la recolección y análisis de datos numéricos. Su objetivo principal es medir, comparar y generalizar fenómenos sociales a través de variables concretas y medibles. Se utiliza para responder a preguntas como "¿cuántos?" o "¿con qué frecuencia?". En cambio, el enfoque cualitativo prioriza la comprensión profunda de los significados, percepciones y experiencias subjetivas de las personas. Este enfoque busca comprender en profundidad las experiencias, significados, percepciones y contextos de las personas. Se basa en datos no numéricos, como palabras, gestos o imágenes, y se utiliza para explorar la subjetividad de los actores sociales. Responde a preguntas como "¿cómo?", "¿por qué?" o "¿qué significa para la persona?". Ambos enfoques son complementarios y su integración permite una intervención más holística y fundamentada (Caparrós y Raya, 2005).

En este capítulo se han recogido algunas de las principales técnicas que son utilizadas en el proceso metodológico de intervención social: genograma, cronograma, línea de tiempo, entrevista, historia social, observación, informe social, visita domiciliaria, y los cuestionarios más relevantes. Su dominio y uso adecuado es un componente clave de la praxis profesional del Trabajo Social, pues contribuye al rigor metodológico, a la comprensión integral de las situaciones de las personas usuarias, y a la toma de decisiones éticas y eficaces.

4.1. Entrevista

La entrevista se define como la técnica por excelencia en Trabajo Social. Tiene múltiples aplicaciones en el campo de las ciencias sociales, y puede tener diferentes fundamentos teóricos y ser utilizada con diversos propósitos y finalidades (Rossell, 1998). Es utilizada especialmente por quienes investigan como forma de recolectar y almacenar información, e incluye la observación, superándola en su alcance. En su relación profesional, el/la trabajador/a entabla comunicación con otras personas con objeto de recoger información encaminada a realizar diagnósticos, intervenciones, solucionar casos, etc. Por ello, en Trabajo Social, constituye una técnica básica que también sirve para entablar una relación con las personas usuarias y durará desde el primer contacto hasta que concluya el proceso de intervención o se cumplan los objetivos fijados conjuntamente.

Kisnerman (1998) la define como "una técnica que supone un vínculo intersubjetivo, profesional, entre dos o más personas siendo lo que diferencia su uso, el modo y la intencionalidad con que se aplica". Es decir, la figura del profesional y el cliente o persona usuaria conforman una unidad donde trabajan en una misma situación para lograr determinados resultados. En general, se considera que la entrevista es una conversación directa entre dos o más personas en la que se pretende un objetivo a conseguir.

Por tanto, es una relación entre el/la profesional y el/la usuario/a, una técnica, porque se trata de la utilización consciente e intencionada de conocimientos provenientes de la teoría y, a la vez, un proceso, porque conlleva varios pasos; y, a la vez, se caracteriza por lo siguiente (Rossell, 1998):

- No ser un fin en sí mismo, sino un medio para lograr un objetivo.
- Tiene una parte de habilidad, que se aprende ejercitándola.

- Es una relación personal asimétrica, no es una relación de igualdad porque uno de los dos tiene el control, que es la persona que entrevista.

- La relación que se produce tiene un propósito, no es una simple conversación.

- Constituye el punto de interacción entre el conocimiento científico y las necesidades prácticas.

- Posibilita un clima de empatía, apertura y compresión.

- Supone un acontecimiento integral de comunicación (palabras, gestos, contexto, etc.).

Los objetivos de la entrevista profesional son:

- Estudiar la posible pertinencia de utilizar un determinado recurso.

- Facilitar información sobre recursos y servicios sociales.

- Movilizar las actitudes y relaciones del usuario y la estimulación de sus capacidades personales.

- Derivar a otros servicios y profesionales.

- Orientar sobre situaciones que presenta el/la usuario/a.

Según Rossell (1998), la entrevista en Trabajo Social se organiza en fases estructuradas que permiten guiar el proceso de manera eficaz, respetuosa y profesional. Esta estructura facilita tanto la recogida de información como la generación de una relación de ayuda basada en la confianza. Rosell establece que la entrevista en Trabajo Social se estructura en las siguientes fases:

- Fase inicial o de apertura: se debe definir su propósito y su importancia radica en la creación del clima de confianza y de ayuda, fundamental para el desarrollo posterior. Es especialmente importante en la primera entrevista, o entrevista de acogida, donde el/la profesional establece el primer contacto con la persona usuaria o cliente. Aquí se debe presentar el/la profesional y explicar su rol, contextualizando su función dentro de la organización, así como ofrecer información sobre la confidencialidad y los límites, establecimiento normas básicas (duración, respeto, etc.).

- Fase de intercambio o exploración: es la fase de mayor contenido informativo y permite a el/la profesional diagnosticar y valorar la situación desde un enfoque integral. Se debe procurar que la persona entrevistada exprese en la forma y términos propios, el motivo por el que se produce la entrevista. El/la profesional preguntará sobre aspectos latentes y expresos, abordando aspectos personales, familiares, económicos, laborales, sociales, emocionales para detectar necesidades, demandas, problemas y potencialidades. En esta fase se debe "invitar a hablar", sin bombardear y aplicando siempre la escucha activa y la observación sobre la disposición emocional, actitudes, emociones y contradicciones de la persona o personas entrevistadas. Su objetivo es recoger y analizar la información relevante sobre la situación de la persona, familia o grupo. Se caracteriza por emplear técnicas de exploración: preguntas abiertas, reformulaciones, clarificaciones, etc. En esta etapa de la entrevista también se pueden desarrollar actividades contempladas en el proceso de intervención o, en su caso, un avance de las mismas.

- Fase de intercambio o aclaración: esta fase se inicia cuando el/la profesional obtiene suficiente información, cumple el objetivo de la entrevista o ha podido elaborar hipótesis o valoración de los problemas. Se devuelve, en su caso, la elaboración del problema a la persona usuaria para que tome conciencia de su situación, y se establecen compromisos que demuestren el grado de colaboración, como puede ser el acuerdo de una nueva entrevista.

- Fase de cierre o final: su objetivo es finalizar la entrevista de forma clara, positiva y orientadora, reforzando la relación profesional. Para ello, se debe garantizar un cierre no brusco y permaneciendo receptivo hasta el final. Se debe ofrecer un resumen de lo hablado y acordado por ambas partes, así como claridad sobre lo que vendrá después para reforzar la implicación de la persona usuaria en el proceso. Por último, se agradece la participación y se confirman los próximos pasos (otra cita, intervención, informe, derivación, etc.), pero si es una entrevista única o final, se debe dejar abierto el canal para volver a solicitar ayuda en caso de aparición de nuevas necesidades o empeoramiento de los problemas sobre los que se han intervenido.

Existen varios tipos de entrevistas en Trabajo Social que se pueden clasificar en función de sus objetivos y enfoques. Según el grado de estructuración encontramos tres tipologías de entrevista (Rossel, 1998):

- Entrevistas estructuradas: Las entrevistas estructuradas siguen un guion preestablecido de preguntas cerradas que permiten obtener datos específicos y cuantificables. Estas entrevistas son útiles para evaluar la efectividad de las intervenciones y realizar comparaciones entre grupos.

- Entrevistas semiestructuradas: combinan preguntas cerradas y abiertas, permitiendo explorar temas en profundidad y proporcionar a las personas entrevistadas la oportunidad de expresar sus opiniones y experiencias. Estas entrevistas son ideales para recopilar información cualitativa y contextual.

- Entrevistas no estructuradas: son conversaciones abiertas y flexibles en las que el/la trabajador/a social busca comprender las perspectivas y experiencias de las personas entrevistadas, y establecer una relación de confianza. Estas entrevistas son útiles para abordar temas sensibles o complejos y fomentar el empoderamiento y la participación de los usuarios.

Por otro lado, Rossel (1998) también clasifica las entrevistas según el número de personas participantes:

- Individuales: cuando sólo está el profesional y la persona usuaria.

- Grupales: cuando además del profesional y la persona usuaria, también intervienen otras personas.

4.2. Genograma

El Genograma es un formato para dibujar un árbol familiar que registra información sobre los miembros de la familia y sus relaciones durante, al menos, tres generaciones. Por lo general, se construye durante la primera entrevista, permitiendo al profesional recoger la información de forma ágil y presentarla de manera gráfica, revisándose posteriormente a medida que se obtienen más datos. Ayuda tanto al profesional como a la persona usuaria o familia, porque esta herramienta permite reflejar un "cuadro mayor", tanto desde el punto de vista histórico como del actual. Es decir, permite presentar y analizar la información estructural, vincular y funcional de una familia, tanto de forma horizontal (a través del contexto familiar actual), como vertical (a través de las generaciones representadas). Por ello, puede destacar las pautas familiares actuales e históricas, así como otras estructuras familiares disfuncionales, incluyendo sucesos nodales y críticos en la historia de la familia (Sánchez Urios et al., 2024)

Para su elaboración, hay que tener en cuenta tres niveles de información (McGoldricky y Gerson, 1996): a) Trazado de la Estructura Familiar; b) Registro de la información sobre la familia; y c) Descripción de las relaciones familiares. En primer lugar, el trazado de la Estructura Familiar permite considerar la base del Genograma como descripción gráfica de los diferentes miembros ligados entre sí de una generación a otra. Este trazado es la construcción de figuras que representan personas y líneas que describen sus relaciones. En la siguiente tabla se detallan los respectivos símbolos que se utilizan para su construcción:

Tabla 14. Símbolos para la construcción del genograma

Cada miembro de la familia se representa por un cuadrado o un círculo, según sea varón o mujer, y dentro de la figura se escribe el nombre y la edad:	**Carmen 58** (Mujer) **Antonio 63** (Hombre)
El "paciente identificado" viene representado con doble línea en el cuadrado o círculo, según sea mujer u hombre:	**Carmen 58** **Antonio 63**
Para una persona fallecida se coloca una "X" dentro del cuadrado o círculo. No es necesario marcar la defunción de las figuras del pasado distante (más allá de tres generaciones), porque están presumiblemente muertas.	**Fallecido** **58** (Falleció a los 58 años)
Los embarazos, abortos y partos de un feto muerto se indican por los siguientes símbolos:	Embarazo Aborto inducido Aborto espontáneo Parto de un feto muerto
Los cambios sociales han ocasionado la aparición de nuevas perspectivas de género. Los símbolos relacionados con el género son:	Hombre homosexual Lesbiana Bisexual Transgénero de hombre a mujer Transgénero de mujer a hombre
Las relaciones biológicas y legales entre los miembros de la familia se representan por líneas que conectan a dichos miembros, añadiendo la fecha:	m. 6 / 2 / 74 Matrimonio
La pareja que vive junta, pero no está casada, se representa con una línea de puntos y se añade la fecha:	Conv.6 / 2 / 74 Pareja conviviente no casada

Las barras inclinadas significan una interrupción en el matrimonio: una barra para la separación y dos para el divorcio. En ambos casos se incluyen las fechas:	M. 6/2/74 S.:6/8/81 **Separación** M. 6/2/94 D.:6/8/15 **Divorcio**
Los matrimonios múltiples pueden representarse de la siguiente manera:	Un hombre que ha tenido varias esposas Una mujer que ha tenido varios maridos Cada cónyuge ha tenido varios consortes
Se utiliza una línea de puntos para conectar un niño adoptado a la línea de los padres:	**Matrimonio con hija adoptada**
Si una pareja tiene varios descendientes, la figura de cada hijo o hija se coloca conectada a la línea que une a la pareja. Los hijos se van situando de izquierda a derecha desde el mayor al más joven:	Descendientes en orden de edad (de mayor a menor)
Los hijos mellizos se representan por la conexión de dos líneas convergentes a la línea de los padres; si son monocigóticos (idénticos) éstos, a su vez, están conectados por una barra:	**Dicigóticos** **Idénticos**
Para indicar los miembros de la familia que conviven en la misma vivienda se utiliza una línea punteada que los agrupe:	Miembros que conviven: madre y dos hijas

Cuando en la familia sólo hay una clase de animal no humano se representa mediante un rombo:	**Animal no humano**
Sobre su base se pueden crear distintas configuraciones para cuando se convive con diferentes tipos de animales no humanos:	Perro Gato Pez Ave Mamífero pequeño Reptil Otro
Para las fechas de matrimonios, separaciones y divorcios, se pone la inicial (m, s, d), seguida del año, sobre la línea que conecta a la pareja.	**m.64** (Matrimonio en 1964) **s.70** (Separación en 1970) **d.75** (Divorcio en 1975)

Fuente: Sánchez Urios et al., (2024); Rodríguez Cebeiro y Díaz Videla (2020).

Otro cambio social contemporáneo y relevante, que ha afectado a la estructura y funcionamiento familiar, es la relevancia del vínculo humano-animal, que ha dado lugar a un modelo de familia, actualmente reconocido, denominado familia multi o interespecie (Sáez et al., 2023). Es decir, las mascotas o animales de compañía (denominados animales no humanos) con las que se convive y se forja un vínculo afectivo, han adquirido el estatus de miembros de la familia.

Por ello, en el genograma, también deben ser incluidas ya que refleja la dinámica emocional real del sistema familiar y ayuda a entender vínculos de apego, duelo, cuidado o apoyo emocional. Los animales de compañía se representan mediante un rombo (◇), con su nombre y edad dentro del mismo. Junto a esta figura, que puede ir transformándose en función de la especie, tal y como se muestra en el cuadro, se indica, para mayor claridad, su especie. También se trazará una línea discontinua o punteada que une al animal con el miembro o miembros de la familia con quienes tiene mayor vínculo afectivo (Rodríguez Cebeiro y Díaz Videla, 2020).

Una vez trazada la estructura familiar, podemos a comenzar a agregar información sobre su funcionamiento y sobre hechos críticos. A este paso se le conoce como Registro de la Información sobre la Familia en el Genograma (McGoldricky y Gerson, 1996):

–   Información sobre el funcionamiento familiar: incluye datos médicos relevantes (enfermedades importantes pasadas o presentes), comportamientos y relaciones emocionales más o menos objetivas de distintos miembros de la familia. La información recogida sobre cada persona se sitúa junto a su símbolo en el Genograma.

–   Sucesos familiares críticos: Incluyen cambios de relaciones, migraciones, fracasos y éxitos que dan un sentido de continuidad histórica de la familia. Los hechos críticos de la vida están registrados en el margen del genograma o, si fuera necesario, en una hoja separada.

Al trazado de las relaciones sobre la estructura se denomina Mapa de Relaciones Familiares. Los símbolos más utilizados se recogen en la siguiente tabla:

Tabla 15. Símbolos para el mapa de relaciones en el genograma

Fuente: Sánchez-Urios et al., (2024).

Esta herramienta profesional y gráfica, facilita el análisis familiar en muchos aspectos: estructura, relaciones, expectativas, etc., por lo que ayuda a formular hipótesis diagnósticas sobre diferentes cuestiones relacionadas con el ámbito familiar.

4.3. Cronograma

El cronograma de Gantt es una de las técnicas de planificación más recurridas en la intervención desde el Trabajo Social. No sólo permite organizar gráficamente el calendario de la actuación profesional, sino que sirve para analizar a posteriori el cumplimiento de los plazos propuestos; ya que, además de ser una herramienta de planificación, también es de evaluación.

Para crear un cronograma de Gantt se debe realizar una especificación de las tareas o actividades, antes de ubicarlas en la tabla. Es decir, hay que concretar las actividades de forma clara y, una vez detallas se colocan en la columna de la izquierda. Se suele asignar un número a cada actividad y describir cada una en la leyenda del cronograma. Cada actividad dispondrá de dos filas en la tabla: una para la programación y otra para la evaluación. La programación refiere al tiempo estimado o planificado, que se realiza al inicio de la intervención; y la evaluación refiere a la comprobación de su realización según el periodo previamente asignado. Por tanto, para cada actividad, se asigna un tiempo y se identifica la fecha de inicio y la fecha final, de acuerdo con las unidades de tiempo escogidas para la creación del cronograma (días, semanas, meses, etc.,) que dependerán de la amplitud del proyecto. Las unidades de tiempo se colocan en la parte superior de la tabla (Medina, 2001).

Así, el cronograma permite comparar las barras de programado (P) y realizado (E). En caso de incumplimiento facilita la reflexión sobre los motivos por los que no se pudo respetar los tiempos acordados. También ayuda a detectar posibles carencias en el servicio, por ejemplo: la falta de personal, falta de agilidad en los trámites, etcétera. Si los plazos no se respetan habrá que analizar los motivos y articular las medidas oportunas para poder remediarlo (Fernández García y Ponce de León, 2012).

Se acompaña un ejemplo en la siguiente tabla:

Tabla 16. Cronograma de Gantt

Actividad/ Unidad de tiempo (meses y semanas)		Junio				Julio					Septiembre				Octubre			
		1	2	3	4	1	2	3	4	5	1	2	3	4	1	2	3	4
Actividad 1	P	■	■															
	E																	
Actividad 2	P			■														
	E																	
Actividad 3	P						■	■	■	■	■	■	■					
	E																	
Actividad 4	P															■	■	
	E																	

Fuente: Medina (2001).

4.4. Línea de Tiempo

Es un instrumento que se utiliza para el estudio y análisis de los acontecimientos importantes, tanto a nivel individual como familiar. Es decir, puede recoger los sucesos más relevantes de la vida de un individuo ("línea del tiempo individual"), o de una familia ("línea del tiempo familiar"), siguiendo un orden cronológico. Se puede obtener la información a través de lo que se denomina, donde se anotan en una línea las fechas y los acontecimientos más significativos (Fernández García y Ponce de León, 2012).

Figura 4. Ejemplo de línea del tiempo

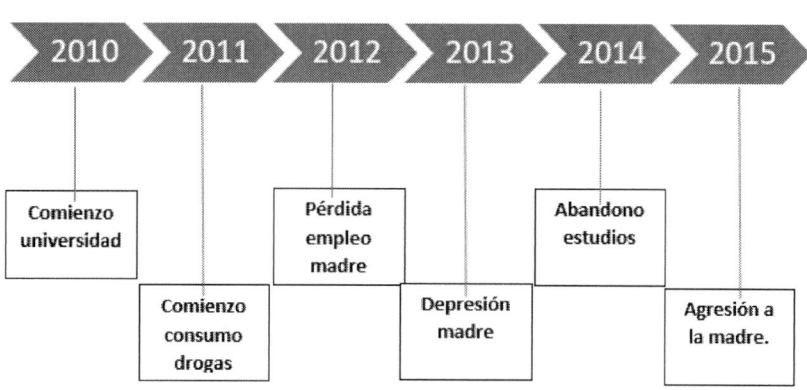

Fuente: Fernández García y Ponce de León (2012).

Otro formato, para el análisis de tipo familiar, supone dibujar una tabla en una columna se representan los miembros y en otra los años y los acontecimientos vividos por la familia. En todos los casos, se permite la observación de los acontecimientos trascendentales a través de su ciclo vital, tanto de signo positivo como negativo, las soluciones aportadas, los efectos en sus miembros, etc.

4.5. Historia Social

Es el principal soporte documental para el Trabajo Social, ya que permite orientar los procesos del sistema de intervención profesional en el trabajo individual y/o familiar, y contener la información en un solo documento. Es similar a la historia clínica usada en los servicios sanitarios, pues se trata de un instrumento documental que recoge de forma sistemática, ordenada y confidencial toda la información social relevante sobre el proceso de intervención con una persona o unidad convivencial, desde el primer contacto hasta el cierre del caso. Contiene la información completa y detallada del caso: datos identificativos, de diagnóstico, de la situación-problema, del proyecto de intervención y el registro temporalizado de las incidencias, así como la evaluación. Se adapta al formato y normativa de cada servicio o comunidad autónoma y sus principales objetivos son (Moix, 2006; Cáceres et al., 2014):

- Facilitar el conocimiento global y actualizado del caso.

- Dar a conocer todos los hechos, los sucesos y los episodios importantes en la vida de una persona o familia, tanto pasados como presentes y que influyen en las circunstancias actuales y la explicación de las mismas.

- Registrar de forma literal las circunstancias y vivencias de las personas usuarias, tal como lo cuentan, con las expresiones literales, rasgos culturales y otros matices cuya riqueza se pierde al seleccionar y sistematizar los datos estrictos y en el lenguaje técnico que la ficha o el informe sociales «exigen».

- Reflejar las viviendas anteriores, el grado de satisfacción con la vivienda actual, así como las causas por las que viven en ella, etc.

- Definir diagnósticos de las situaciones problemas en su globalidad y programar las intervenciones que se desprenden como necesarias del diagnóstico social en forma de proyectos.

Al igual que sucede con otros instrumentos, no existe un único diseño de historia social, aunque podemos destacar un conjunto de áreas que deben darse y que, según el Libro Verde del Trabajo Social, son (Colom Masfret, 2005):

- Datos Personales de las personas usuarias y del núcleo de convivencia.

- Datos descriptivos referentes a la edad, domicilio, etc.

- Dinámica Familiar: composición del núcleo familiar. Factores más sobresalientes que caracterizan y definen el núcleo de convivencia. Secuencias cronológicas de la evolución familiar, etc. Relaciones entre los miembros de la familia, tipo de comunicación, apoyos mutuos, dificultades generacionales, etc.

- Situación Económico-Laboral: ingresos, gastos fijos, gastos extraordinarios, fuente de ingresos, desempleo, adecuación ingresos-gastos, todo ello relativo a cada miembro del núcleo familiar.

- Estado de Salud: física y psíquica de los miembros de la familia. Procesos crónicos, críticos, agudos y cómo afectan a la situación problemática del individuo o familia.

- Datos sobre la Vivienda: régimen de tenencia, uso, tipo, condiciones de habitabilidad, equipamiento, adecuación a las necesidades de la familia.

- Interpretación Diagnóstica: exposición del diagnóstico del profesional, donde manifiesta claramente los problemas detectados en los sujetos atendidos.

- Demanda planteada y atención prestada: se recogen demandas explicitas planteadas por las personas, así como los recursos gestionados o derivaciones realizadas para la gestión de los mismos. El planteamiento más extenso de la intervención deberá venir recogido en el Diseño de Intervención Social que se adjuntará a la historia.

No se debe confundir con el informe social, ya que se trata de documentos distintos según finalidad, contenidos y usos. De forma sintetizada, podemos decir que el historial sirve para conocer y seguir, mientras que el informe sirve para comunicar y justificar. La historia social es un documento interno y acumulativo, que recopila de manera continua y evolutiva toda la información relevante del proceso de intervención social. Es un instrumento de marcado carácter diacrónico, puesto que se va ampliando en la medida en que se avanza en la intervención y el conocimiento de la persona (Lázaro et al., 2007). Es un soporte documental que está abierto a ampliaciones y a nuevas incorporaciones (al contrario que el informe social). Por tanto, su uso se enfoca a facilitar el conocimiento global y actualizado del caso, y sirve como base para la toma de decisiones y seguimiento técnico.

4.6. Ficha Social

La ficha social es definida por el Consejo General de Diplomados en Trabajo Social (1985: 30) como "un soporte documental e instrumento de trabajo en el que se registra la información en forma susceptible de ser ordenada, entresacada y almacenada". Se trata de "la parte común sistematizable y cuantificable de la historia social". Este instrumento puede ser utilizado por el/la profesional para recoger información básica de las personas usuarias. Por tanto, se compone de: los datos de identificación (nombre, dirección, etc.), datos sociodemográficos (fecha de nacimiento, sexo, etc.), datos de la intervención social (demandas, recursos utilizados, etc.) y todas aquellas observaciones y documentos que puedan ser de utilidad al profesional (DNI, identificación de personas relacionadas con el caso, profesionales o servicios implicados, etc.) (Ramírez Navarro, 1990).

Sirve para recoger y sistematizar la información de la persona usuaria y las condiciones sociofamiliares de la situación problema y tipo de demanda, así como definir diagnósticos y programar las intervenciones. El tratamiento y explotación de los datos facilita el establecimiento de indicadores de la actividad profesional y el conocimiento del perfil sociodemográfico de la población que acude al servicio, además de detectar necesidades comunes, tipos de solicitud, y recursos utilizados y/o demandados.

4.7. Informe Social

El informe social es un documento técnico, una herramienta profesional, elaborado por el/la trabajador/a social, que describe, analiza y valora la situación social de una persona o familia, con el fin de justificar una intervención, acceso a un recurso o tomar decisiones administrativas, judiciales o sociales. Sintetiza información relevante, producto de una valoración técnica (no es solo una narración de hechos), por lo que, además, tiene validez oficial y, en muchos casos, efectos jurídicos o administrativos. También puede acompañar expedientes (por ejemplo, ayudas económicas, solicitudes de dependencia, custodia, etc.).

El Colegio General del Trabajo Social (2012) define el informe social como "la síntesis explicativa respecto de una situación dada, que emite el trabajador social, como resultado del estudio, valoración y dictamen para el logro de un objetivo determinado"; y explica que sus objetivos son los siguientes:

- Dar a conocer la existencia y características de una situación social determinada con el propósito de modificarla o paliarla.

- Aportar información para el dictamen profesional.

- Obtener recursos sociales ya establecidos.

- Promover recursos sociales.

- Facilitar información a otros/as profesionales del trabajo social.

Su elaboración precisa de la recogida de información de la siguiente serie de elementos:

- Destinatario o receptor del informe.

- Motivo del informe.

- Técnicas y recursos utilizados (como entrevistas realizadas) para la obtención de información, así como la identificación de la documentación consultada (contratos de trabajo, titularidad de la vivienda, otros informes, etc.).

- Antecedentes del caso: descripción de la demanda inicial, fecha, institución y profesional o equipo profesional que los atendió.

- Datos de identificación y contacto de la persona usuaria/cliente o familia: nombre y apellidos, DNI, lugar y fecha de nacimientos, domicilio y teléfono.

- Situación sociofamiliar actual: Descripción de la composición familiar y convivencial: número de integrantes, parentesco, nombre, edad, estado civil y profesión.

- Situación laboral.

- Situación económica.

- Situación formativa y cultural.

- Situación de la vivienda.

- Situación sanitaria.

- Servicios y/o prestaciones demandadas en la actualidad y recursos concedidos.

- Otras observaciones.

- Diagnóstico social.

- Pronóstico o propuesta de intervención.

- Fecha y firma del profesional que lo emite.

Para la realización del informe social debemos considerar una serie de variables e indicadores que puedan ofrecer información sobre cada área contemplada en el instrumento. En el siguiente cuadro se recogen algunos ejemplos.

Tabla 17. Variables e indicadores en el informe social

Modos de obtención de datos y contraste de la información	Técnica: entrevista, observación y visita a la vivienda y zona, auto registro, consulta de documentos, informe de terceros, otras. Fecha. Fuente.
Datos de identificación de la persona de referencia	Nombre y apellidos. DNI o n.º de pasaporte. Fecha y lugar de nacimiento. Nacionalidad. Sexo/género. Estado civil. Nivel de instrucción. Profesión, ocupación. Domicilio, Teléfonos de contacto.
Datos básicos de la unidad de convivencia	Nombre y apellidos. Vínculo de parentesco. Nivel de instrucción. Profesión, ocupación. Genograma.
Situación de salud	Nombre y apellidos. Vínculo o parentesco. Enfermedades, intervenciones médico-quirúrgicas de relevancia. Antecedentes significativos que han podido influir en el estado de salud/enfermedad: hábitos, saludables y nocivos, factores de riesgo. Tratamientos en curso. Cumplimiento de revisiones, tratamientos, etc. por parte del paciente. Cobertura sanitaria. Discapacidad: física, psíquica o sensorial. Valoración: Grado. Requerimiento de rehabilitación, ayudas técnicas: prótesis, órtesis. Alimentación, higiene, etc.

Situación socio-económica y laboral	Nombre y apellidos de cada integrante de la unidad familiar. Ingresos mensuales. Situación de empleo; empresa; tipo de contrato; fecha de inicio y término del contrato; antigüedad. Satisfacción laboral. Personas en situación de desempleo; tiempo y prestaciones recibidas: inicio/término; cuantía. Trayectoria laboral, preferencias, acciones de inserción laboral realizadas. Ayudas y prestaciones de otro tipo solicitadas: cuantía, duración, beneficiarios. Propiedades, otros ingresos económicos. Gastos ordinarios y extraordinarios, deudas pendientes. Otros aspectos relacionados de interés para el caso.
Situación formativa y cultural. Nivel de instrucción	Datos escolares/académicos de los menores especificando nombre y apellidos, centro, curso, edad de comienzo en la escuela, nivel de rendimiento, dificultades de aprendizaje, problemas de integración, nivel de asistencia, repetición cursos, actividades extraescolares, asistencia a comedor, satisfacción escolar, apoyo escolar, director/tutor. Implicación familiar. Otros miembros de la unidad de convivencia que realizan o han realizado acciones formativas: nombre y apellidos, tipo de acción formativa, duración y resultado. Hábitos y actividades culturales en los que participan los integrantes del núcleo de convivencia.
Relaciones sociales, ocio y tiempo libre	Personas más significativas fuera del entorno convivencial. Tipo de relaciones y frecuencia de interacción con familia extensa, amigos, compañeros/as de trabajo, grupos deportivos y culturales, redes vecinales, etc. Participación en asociaciones, clubes, sociedades, etc. Intereses y aficiones. Uso de recursos de ocio y tiempo libre. Actividades y lugares de esparcimiento.
Dinámica familiar o del núcleo de convivencia	Relación de pareja, tiempo de convivencia, nivel de comunicación: frecuencia, calidad, tono positivo o negativo, nivel de afecto. Participación de cada miembro familiar en las tareas domésticas. Aspectos favorables y mejorables de cada miembro de la pareja. Núcleos de conflicto: temas que originan enfrentamientos, antecedentes, separaciones, etc. Acciones de mejora. Situaciones de agresión física, psíquica o ambas presentes o pasadas; frecuencia y duración. Víctima agredida y agresora; tratamientos que reciben o han recibido: tipo, duración y resultados positivos o negativos. Relaciones progenitores/tutores e hijos/as menores tutelados; nivel de comunicación:

	frecuencia, calidad, tono positivo o negativo, nivel de afecto; estilos educativos predominantes: premios y castigos que se emplean, así como quién los aplica. Núcleos de conflicto. Situaciones de agresión: física, psíquica o ambas presentes o pasadas; frecuencia y duración. Víctima agredida y agresora; tratamientos que reciben o han recibido: tipo, duración y resultados positivos o negativos. Tipo concreto de maltrato: físico, psicológico, abandono, negligencia, abuso sexual, desnutrición, etc. Antecedentes familiares. Acciones de mejora. Opiniones de los hijos/as o menores acerca de sus progenitores/tutores/acogedores. Relación entre hermanos/as y/o menores acogidos o residentes. Relación con otros familiares adultos dentro y fuera del hogar. Datos sobre separaciones familiares, custodia de los/as menores, régimen de visitas, manutención. Relación con familia de origen tanto paterna como materna; frecuencia; positivas o negativas. Antecedentes o datos de la historia familiar más significativos: mudanzas, nacimientos, fallecimientos, enfermedades en los hijos/as, etc.
Datos de la vivienda y de la zona de residencia	Referencias de la vivienda: tipo de vivienda, régimen de tenencia, cuota de alquiler o hipoteca; dimensiones, número de habitaciones y otras dependencias; condiciones de habitabilidad; servicios: agua, luz, aseos, etc. Equipamiento y mobiliario; número de camas. Obras para realizar o realizadas. Factores de riesgo de la vivienda. Referencias de la zona de residencia: tipo de barrio, recursos, servicios existentes, actividad económica principal, problemática y potencialidades de la zona.
Historia social	Datos de la historia familiar relevantes para la finalidad del informe.
Valoración técnico-profesional	Diagnóstico, pronóstico: análisis sintético de la situación y de los problemas objeto de intervención.
Recursos internos propios de la familia o núcleo de convivencia	Se refiere a las potencialidades, capacidades, competencias, medios o recursos internos y externos, propios de la familia o núcleo de convivencia.

Fuente: Cáceres *et al.*, (2014)

Cada informe social es distinto y debe ser adaptado a las circunstancias que motivan su realización y a la finalidad que persigue. Sin embargo, nunca debe perder el carácter científico y profesional. Para ello, Hernández (2006), ofrece una serie de recomendaciones para la elaboración del informe social:

- Cuidar la redacción y la ortografía: un proceder descuidado pone en entredicho la imagen personal y profesional, tanto de quien emite el informe como de la institución donde trabaja, y de toda la profesión. No hay que olvidar que es una herramienta profesional seria que puede tener carácter probatorio ante un/a juez/a, un tribunal o un responsable técnico o político de otras instituciones.

- Resultado de una investigación previa: debe ser el resultado de un profundo trabajo de investigación, valoración y diagnóstico, que preceden al pronóstico de evolución del caso y al dictamen profesional con la propuesta de intervención más adecuada a las circunstancias.

- Evitar etiquetas calificativas: las etiquetas que califican a la persona o personas, incluidas en el informe, son un recurso lingüístico que se debe evitar, ya que pueden estigmatizar, culpabilizar y, en definitiva, perjudicar.

- Superar el sesgo negativista: se debe hacer referencia, sobre todo, a las potencialidades de las personas, a sus posibilidades de cambio y a los recursos existentes, tanto internos como externos, que resulten aprovechables para la búsqueda de soluciones. Difícilmente conseguiremos mejorar la situación y empoderar a las personas si nos centramos únicamente en sus dificultades, carencias o problemas.

- Debe incorporar un componente analítico, interpretativo, diagnóstico y de pronóstico, así como una propuesta de intervención o un plan de trabajo, sugiriendo el procedimiento y el tipo de evaluación subsiguiente.

- Información insuficiente o excesiva: la mayoría de los informes sociales pecan de insuficiencia, pues sólo reflejan datos identificativos de la persona usuaria y de la familia, con una breve descripción de la vivienda y una síntesis de la problemática. Es decir, no incluyen otros apartados significativos, no informan de las técnicas e instrumentos empleados, ni de las fuentes de información, y no explicitan las vías de contraste de la información utilizadas. Por el contrario, otros tienden a excederse en la descripción de las categorías, aportando detalles ajenos al interés que motiva el informe y, lo que es peor, faltando al deber ético y deontológico de salvaguardar la intimidad de los afectados. Por ejemplo: si se trata de solicitar una ayuda para rehabilitar y acondicionar la vivienda, carece de valor describir y explicar las relaciones intrafamiliares, las pautas y estilos educativos paternos o el nivel de instrucción de los usuarios. En cambio, se justifica incluir toda esa información de forma detallada para un informe social motivado por la solicitud de idoneidad para la adopción, así como de todos aquellos factores que puedan influir en el bienestar de la persona menor de edad.

4.8. Observación

La observación es una fuente directa de obtención de información, cuya ventaja sobre otras técnicas de investigación es que hace posible la captación de la conducta en el momento que se produce. Por tanto, resulta una técnica básica de investigación para el desempeño del Trabajo Social, pero hay que distinguir entre la práctica cotidiana de observar y la observación científica. La diferencia básica es la intencionalidad, pues observar científicamente significa observar con un objetivo claro, definido y preciso (Evertson y Green, 2009). Por su parte, Font y Porcel (1986) definen la observación científica como la "captura sistemática de información sobre acciones y reacciones conductuales mediante el uso de instrumentos específicos o impresiones profesionales", y establecen una serie de requisitos para llevarla a cabo:

– Sirve a un objetivo de investigación: existe un objetivo específico de investigación para realizar la observación.

– Es planificada y controlada: se planifica y registra sistemáticamente.

– Está sujeta a comprobaciones de validez: se llevan a cabo controles metodológicos para garantizar la fiabilidad y validez.

Dentro de la observación científica podemos encontrar diferentes modalidades:

– Observación directa y observación indirecta: la diferencia entre ambas es que, en la directa, la persona investigadora se pone en contacto personalmente con el hecho o fenómeno a observar. Contrariamente a lo que ocurre en la indirecta.

– Observación participante y observación no participante: es participante cuando quien investiga se incluye en el grupo, hecho o fenómeno observado para conseguir la información "desde dentro"; a diferencia de la no participante que se realiza "desde afuera", sin intervenir en lo observado.

– Observación estructurada (sistemática) y observación no estructurada (simple o libre): la principal diferencia entre ambas es la que la primera se realiza con la ayuda de elementos técnicos de registro previamente planificados (fichas, cuadros de comprobación, tablas, etc.).

Para la observación científica se requiere respetar una serie de pasos (Díaz Sanjuan, 2010):

– Determinar el objeto, situación, caso, etc. (qué se va a observar)

– Determinar los objetivos de la observación (para qué se va a observar).

– Determinar la forma con que se van a registrar los datos.

- Observar cuidadosa y críticamente.

- Registrar los datos observados.

- Analizar e interpretar los datos.

- Elaborar conclusiones.

- Elaborar el informe de observación (este paso puede omitirse si en la investigación se emplean también otras técnicas, en cuyo caso el informe incluye los resultados obtenidos en todo el proceso de investigación).

Existe la creencia de que lo que se observa no se pueda cuantificar o codificar pese a existir técnicas y recursos auxiliares para ello: fichas de registro, grabaciones, pruebas fotográficas, listas de chequeo, registros anecdóticos, escalas de medición, etc. No obstante, también presenta una serie de obstáculos o limitaciones a tener en cuenta: no se recomienda en grupos numerosos a menos que exista un equipo para realizar la observación, puede sufrir sesgos o falta de objetividad si el/la trabajador/a no está cualificado para llevarla a cabo, y es compleja porque a veces lo que deseamos observar no se produce en el momento para ello.

4.9. Visita Domiciliaria

A partir del siglo XX, con la elaboración del trabajo de Mary Richmond, se comienza a utilizar la visita domiciliaria como una técnica cotidiana de quienes ejercen el Trabajo Social. Esta pionera hablaba de las "visitadoras amigables" y expresaba que, al realizar la entrevista en el domicilio, la figura del profesional podía conocer la información que le aportaba el ambiente donde la persona desarrollaba su vida cotidiana, además de evitar la actitud defensiva que la persona usuaria manifestaba en el entorno formal del despacho profesional (Kisnerman, 1998). La visita profesional es considerada como aquel acto profesional compuesto de varias técnicas, entre ellas la entrevista y la observación.

Ander Egg (1995) la define como "aquella visita que realiza el trabajador social a un hogar, tratando de tomar contacto directo con la persona y/o su familia, en el lugar donde vive, con fines de investigación o tratamiento, ayuda o asesoramiento". Así pues, la visita domiciliaria se puede entender como la atención proporcionada en el propio hogar de la persona usuaria con la finalidad de conocer su realidad socioeconómica, ambiental y cultural; y/o de ejecutar las acciones pertinentes para modificar y mejorar las condiciones sociales. Además de realizar un diagnóstico, estimular la participación, y enfocar una intervención social hacia el fomento, protección, recuperación y rehabilitación en salud (Tonon, 2005).

La visita domiciliaria suele ser considerada una variante de la entrevista, pues permite al profesional completar la valoración del caso utilizando la información en el lugar de residencia habitual o contexto natural del cliente o persona usuaria. La información recogida permite verificar la situación real de la familia, ya que los datos facilitados en las entrevistas del despacho pueden diferir de los recogidos en el domicilio.

Los objetivos que persigue la visita domiciliaria van dirigidos a la investigación, asesoramiento y seguimiento del caso. Se puede considerar que el procedimiento resumido para llevar a cabo la visita domiciliaria es el siguiente (Pain, 1984; Martínez-Román, 2012):

- Planificar la visita: revisar dirección, fijar día y hora de la entrevista, organizar el material que se va a llevar, elaborar una hipótesis previa.

- Llegada a la casa: saludar, presentarse y personalizar el contacto.

- Fase social: ser cordial, interesado y confiable; lograr contacto con otros miembros de la familia, observar.

- Aclaración de los motivos de la visita domiciliaria: no es necesario que la familia conozca todos los motivos, siempre y cuando sean bien conocidos por la persona usuaria; no informar a terceras personas.

- Ejecución del plan de visita: realizar una entrevista estructurada con fines diagnósticos.

- Fase crítica: tratamiento del problema, ayudar a clarificar la situación, afirmar la importancia de cada uno, no dar consejos ni interpretaciones, tomar tiempo en resolver esta fase.

- Confrontación de las hipótesis: revisar si nuestra hipótesis inicial era la correcta. Si no, replantearla.

Cazorla y Fernández Hormachea (2007) describen las tres fases que componen la visita domiciliaria:

- Fase preliminar: comienza desde el momento en que es asignada la realización de la visita domiciliaria, lo que puede generarse a causa del criterio del propio profesional, a solicitud del equipo interno de trabajo o a petición de la red intersectorial. Se realiza en el contexto institucional, previo a la salida a terreno, teniendo por objetivo preparar los aspectos técnicos y logísticos de la visita domiciliaria, sobre todo mediante el uso del análisis documental. En este sentido, es de responsabilidad profesional el desarrollar las acciones que apunten a recopilar el máximo de información sobre el caso y su grupo familiar: antecedentes generales del caso, antecedentes generales del grupo familiar, historia familiar, ubicación del domicilio (ruta, acceso, entre otros), teléfono, horarios rutinarios de la familia, principales problemáticas vigentes, análisis de factibilidad de intervención con equipo interdisciplinario y aspectos biopsicosociales recogidos por equipo interdisciplinario, en su caso. En esta fase se realiza el contacto previo telefónico con la familia para establecer el día y hora de la visita, confirmar la dirección e informar de los objetivos de la visita.

– Fase de ejecución: El proceso de ejecución de la visita domiciliaria comienza desde el egreso de las dependencias institucionales por parte del profesional en dirección al domicilio, incluyendo la observación de la ruta de acceso y la dinámica del sector. Al ejecutar la visita domiciliaria se tiene por objetivo realizar una investigación diagnóstica y/o de intervención en el contexto domiciliario, mediante la aplicación de técnicas de entrevista y observación, entre otras. A su vez, esta fase contempla al menos tres subfases que permiten fluir desde el primer momento de contacto interpersonal hasta la despedida:

a) Subfase Social: la interacción entre los sujetos que intervienen es principalmente social, es decir, involucra al menos los siguientes momentos: saludos iniciales, presentación, contextualización de la visita domiciliaria, conversación informal respecto a cotidianeidad y ubicación del espacio adecuado para realizar la entrevista en la vivienda.

b) Subfase profesional: se trata de compartir el objetivo de la visita, escuchar la opinión de la familia al respecto, desarrollar el objetivo de investigación y/o intervención y retroalimentar sobre la intervención.

c) Subfase de cierre: permite evaluar el tipo de vínculo establecido entre profesional y las personas durante la visita domiciliaria realizada, la que puede fluctuar entre un alto nivel de confianza hasta situaciones de ruptura entre la relación profesional. Esta subfase integra momentos como: compartir proyecciones de la intervención profesional (días de atención, fechas de encuentros, resultados esperados de acuerdo con el diagnostico preliminar, etc.), hacer comentarios de cordialidad respecto a cotidianeidad familiar, agradecimientos y despedida.

– Fase de evaluación: Esta fase surge al momento de volver a las dependencias institucionales para registrar la práctica profesional y tiene por finalidad evaluar el proceso y resultado de la visita domiciliaria, a través de la sistematización de antecedentes pesquisados, grado de objetivos alcanzados y posibles proyecciones del quehacer profesional. Se constituye en los siguientes momentos: registro de la visita en los documentos destinados a ello, intercambio de resultados con el equipo interdisciplinar y evaluación de las proyecciones de intervención.

Es importante recordar que la visita domiciliaria siempre tiene un objetivo (conocer a la familia en su medio, indagar sobre la dinámica doméstica, analizar las características de la vivienda y averiguar posibles deficiencias, etc.). En cualquier caso, tras la visita domiciliaria, el/la profesional deberá realizar el registro de las conclusiones, así como la categorización de la información obtenida mediante esta técnica. A continuación, se muestra un ejemplo de plantilla para el registro de la visita domiciliaria:

Tabla 18. Ejemplo de registro de visita domiciliaria

REGISTRO VISITA DOMICILIARIA

DATOS DEL EQUIPO PROFESIONAL

Fecha: _____   Hora de inicio: _____   Hora de finalización: _____

Integrantes del equipo profesional que realizan la visita:

Objetivos de la visita domiciliaria:

_____

DATOS CLIENTE/ PERSONA USUARIA:

Año   Mes   Día

Persona de contacto: _____   Fecha de Nacimiento:

Dirección: _____   Edad Cronológica:

Localidad: _____

Sexo: ☐ Hombre   ☐ Mujer

Teléfono: _____

PERSONAS O MIEMBROS DE LA FAMILIA/ PRESENTES DURANTE LA VISITA:

CARACTERÍSTICAS DE LA VIVIENDA:	CARACTERÍSTICAS DEL ENTORNO:

NECESIDADES/ PROBLEMÁTICAS DETECTADAS	OTRAS OBSERVACIONES

CUMPLIMIENTO OBJETIVOS DE LA VISITA DOMICILIARIA	ACUERDOS
	FECHA PRÓXIMA ENTREVISTA:

Fuente: elaboración propia

4.10. Grupo focal

El grupo focal, también conocido como grupo de discusión, es una técnica cualitativa ampliamente utilizada en Trabajo Social y otras ciencias sociales para recoger información a través de la interacción grupal. Consiste en una conversación planificada, dirigida por una persona facilitadora o moderadora, en la que un grupo reducido de personas comparten sus opiniones, percepciones, experiencias o actitudes sobre un tema específico (Krueger, 1988). No permite generalizar resultados estadísticamente, pero se utiliza para explorar percepciones y vivencias en profundidad, recoger información para diseñar o evaluar programas sociales, e identificar necesidades o prioridades de una comunidad o colectivo (Berger y Luckman, 1985).

Entre sus ventajas destacan la generación y acceso a una variedad de opiniones en un solo encuentro. Además, es una técnica económica y relativamente rápida de implementar, pero requiere habilidades de la persona moderadora para manejar conflictos o monopolización del discurso, ya que puede haber presión social o inhibiciones si hay desequilibrios de poder entre participantes (Vallés, 1999). Debe guiar la conversación con la selección previa de los temas, y tener la capacidad para realizar las preguntas adecuadas en el momento oportuno, motivando a que todas las personas asistentes participen y dialoguen entre sí, no solo con la persona que modera. Para ello es requisito que se genere un ambiente seguro, es decir, un espacio de confianza donde cada persona se sienta libre de expresarse (Roldán, 1998).

Esta técnica suele estar complementada con la observación y suele utilizar sistemas de registro, como grabaciones o notas por parte del/la profesional para para luego hacer análisis cualitativo del contenido. A diferencia de una entrevista individual, el grupo focal aprovecha la dinámica grupal para generar ideas, contrastar puntos de vista y explorar significados compartidos o divergentes.

4.11. Cuestionarios

Existen numerosas escalas validadas a nivel científico para valorar aspectos del ámbito social como el funcionamiento familiar, el riesgo social, la soledad, la sobrecarga etc., que pueden ser utilizadas desde el Trabajo Social. Estos cuestionarios son instrumentos estandarizados que ayudan en el diagnóstico social, objetivan la información recogida en la valoración y en la intervención social, permitiendo la evaluación y la justificación técnica y profesional de las decisiones. Algunos de los cuestionarios a considerar en Trabajo Social son:

- La Escala de Gijón de Díaz Veiga et al., (1992): se trata de un instrumento esencial en la evaluación geriátrica, en tanto posibilita una valoración del funcionamiento social desde un enfoque integral. Incorpora no sólo las dimensiones de la salud física y mental, sino también los determinantes ambientales y sociales que condicionan de manera significativa la calidad de vida.

– El APGAR Familiar: fue creado por el Dr. Gabriel Smilkstein en 1978, en la Universidad de Washington, Seattle, y se trata de un instrumento diseñado para evaluar la percepción que tienen los distintos miembros de la familia acerca del funcionamiento global de la unidad familiar. Su aplicación contempla tanto a los adultos como a la población infantil, y su nombre es un acrónimo que representa cinco componentes clave del funcionamiento familiar: Adaptabilidad (*Adaptability*), Participación (*Partnership*), Crecimiento (*Growth*), Afecto (*Affection*), y Resolución (*Resolve*).

– El Cuestionario Duke-UNC-11 de Bellón et al., (1996): valora el apoyo social funcional recibido partiendo de que la calidad del apoyo ha demostrado ser un predictor de salud y bienestar.

– La Escala OSLO 3 de Dalgard et al., (1995): es una medida del apoyo social percibido utilizada en investigaciones epidemiológicas y sociales en contextos europeos. Este instrumento se reconoce como un indicador relevante para el estudio del envejecimiento saludable, la inequidad en salud, riesgos de salud prevenibles y la evaluación de la salud mental.

– La Escala de Zarit: también conocida como *Zarit Burden Interview* (ZBI), es un instrumento diseñado para valorar la percepción subjetiva de sobrecarga experimentada por la persona cuidadora principal de una persona en situación de dependencia. (Zarit et al., 1980)

– Escala de Valoración Sociofamiliar TSO de Giménez-Bertomeu et al., (2020): evalúa el nivel de riesgo social asociado a la situación de una persona mayor.

– La Escala Este I y la Escala Este II: es un instrumento de medición de la percepción de la soledad social. La Escala Este I mide cuatro factores (Soledad conyugal, soledad familiar, soledad existencial y soledad social), mientras que la Escala Este II se centra en profundidad en el factor de Soledad Social. La ESTE II evalúa el nivel de estrés que experimentan los/as cuidadores/as informales de personas dependientes. Considera aspectos emocionales, físicos, sociales y económicos derivados del cuidado prolongado. (Pérez et al., 2006)

– El Índice de Sospecha de Maltrato hacía las personas mayores: también conocido por EASI, por sus siglas en inglés (*Elder Abuse Suspicion Index*) constituye una herramienta destinada a apoyar a los profesionales de la salud y de los servicios sociales en la detección de posibles situaciones de abuso en la población mayor. (Yaffe et al., 2008)

- Cuestionarios para detectar la violencia de género como WAST (*Woman Abuse Screening Tool*) de Brown et al., (2000), y el AAS (*Abuse Assessment Screen*) de McFarlane et al., (1992).

- La Escala de Conocimiento de la Demencia (DKAT2-Sp): sirve para evaluar el grado de comprensión que tiene una persona sobre las características, sintomatología y manejo de las demencias (García-Soler et al., 2019).

- Cuestionario Escala de Beck (Beck et al., 1996): ayuda a detectar si una persona sufre depresión y la gravedad de esta.

Capítulo 5
La Ética en Trabajo Social

La historia y desarrollo del Trabajo Social nos demuestra que estamos ante una disciplina y profesión íntimamente comprometida con la ética, al tratarse de una intervención social al servicio del bien común que trasciende la moral personal de las personas que ejercen el Trabajo Social (Lima, 2013). La ética forma parte de la esencia misma en Trabajo Social y es la base de la profesionalidad, a la vez que sirve de "empoderamiento y capacitación para los trabajadores sociales" (Úriz, 2004).

La toma de decisiones éticas constituye uno de los procesos más complejos en el ámbito de la intervención profesional, al tiempo que representa un componente esencial del ejercicio disciplinar. La capacidad de identificar dilemas éticos, desarrollar la autoconciencia profesional y aplicar modelos estructurados de toma de decisiones éticas resulta determinante para garantizar una práctica fundamentada, reflexiva y orientada a la efectividad en la atención (Edwards y Addae, 2015).

En todas las profesiones que implican relaciones humanas se requiere una orientación, fundamentada en la Deontología y la Ética Profesional, respecto a la conducta moral de los/as profesionales. Se traduce como una manera de hacer o actuar que las distingue de otras actividades semejantes, que va más allá de la aplicación obligatoria del Código Deontológico. Se exige pues, a el/la trabajador/a social, una conducta ético-moral que transcienda lo personal, con una actitud reflexiva permanente, como señala Teresa Zamanillo (2003: 21): "No se puede intervenir sin haber reflexionado antes".

El Trabajo Social también ha de provocar interés por los valores éticos. La razón principal parte de sus objetivos, pues se orientan a conseguir una serie de finalidades deseables, para el individuo, grupo o colectivo al que quiere ayudar, que están sustentadas en determinados valores. Esta profesión trabaja para promover la justicia social y generar el bienestar social, utilizando los recursos que la sociedad dispone, incitando o creando, en muchas ocasiones, otros nuevos para responder a las necesidades y a las aspiraciones de individuos, grupos y comunidades. Además, el Trabajo Social nació de un conjunto de ideas de carácter humanitario, religioso y filosófico, de inspiración democrática, que ha ido evolucionando acorde a los cambios y exigencias de la sociedad, hasta convertirse en una profesión científica, teórica-práctica, reconocida. Como consecuencia, la profesionalización del Trabajo Social llevó a la necesidad de establecer principios éticos explícitos, diferenciando la ayuda profesional de la caridad asistencial. A través de principios éticos sólidos, se garantiza que la intervención social se realice con respeto a la dignidad humana, justicia social, responsabilidad y compromiso con la comunidad.

5.1. La enseñanza ética

Considerar la ética como una parte imprescindible y obligatoria en la enseñanza del Trabajo Social es fundamental por varias razones. En primer lugar, la ética supone la primera filosofía de los/as trabajadores/as sociales y su estudio proporcionará una serie de claves para interpretar la realidad que aplicarán a las diversas situaciones que se vayan enfrentando en el desarrollo de su actividad profesional. Resulta, por tanto, la guía en la práctica profesional, asegurando que la intervención en la vida de las personas y las comunidades se realice de manera justa y respetuosa. Es decir, se trata de una obligación que el/la profesional tiene de asumir de forma responsable. Por otro lado, también se busca asegurar que las intervenciones sociales no sólo resuelvan problemas a corto plazo, sino que promuevan cambios sostenibles en la vida de las personas. Por ello, la ética afecta a la relación con las personas, pero también implica un compromiso social, ya que quienes ejercen la profesión del Trabajo Social deben velar por el bienestar colectivo, actuando de manera que favorezca el bien común, sobre todo en situaciones de desigualdad estructural (López Peláez, 2014).

Para comenzar con la cuestión de la enseñanza ética en Trabajo Social, es imprescindible distinguir una serie de conceptos clave. Estos elementos básicos que se deben definir, y que están enmarcados en el presente capítulo, se recogen en el siguiente cuadro:

Tabla 19. Distinción de los conceptos clave

Ética	Parte de la filosofía que trata de la moral y de las obligaciones del hombre. Disciplina que estudia los principios y valores morales que impulsan las normas de comportamiento moral.
Moral	Conjunto de creencias y normas de una persona o grupo social determinado que sirven de guía para el obrar, es decir, que orientan acerca del bien o del mal —lo correcto o incorrecto— de una acción.
Principios	Ideas, reglas o normas morales fundamentales que rigen el pensamiento y la conducta.

Valores	Un valor puede definirse como un principio o cualidad que una persona o grupo social considera deseable, apropiado y digno de aprecio, y que orienta nuestro comportamiento.
Deontología	Ciencia o tratado de los deberes. La deontología profesional hace referencia al conjunto de normas y reglas éticas que guiarán nuestra actuación como profesionales (códigos deontológicos).

Fuente: Cortina (2007); Forst, (2007); Consejo General de Colegios Oficiales de Diplomados de Trabajo Social y Asistentes Sociales (1985).

Según Cortina (2007) y De Robertis (2003), los objetivos perseguidos con la formación ética del alumnado de Trabajo Social y futuro profesional son los siguientes:

- Ofrecer conocimiento, herramientas y habilidades para cumplir las exigencias profesionales desde la responsabilidad y compromiso.

- Homogeneizar y visibilizar la práctica del trabajo social profesional y científico.

- Denunciar situaciones de injusticia social creando conciencia y lucha por la dignidad humana.

- Generar reflexión continua y crítica sobre los valores y principios individuales y sociales, sobre los comportamientos profesionales y los intereses de las personas con las que vamos a trabajar.

A su vez, los tres tipos de ética que son claves para la formación ética del/la trabajador/a social y que están en constante retroalimentación son (Cordero, 2013):

- Ética fundamental: Conciencia profesional, autonomía y libertad profesional.

- Ética cívica: Respeto a los Derechos básicos recogidos en la Declaración Universal de los Derechos Humanos (1948).

- Ética aplicada: Las respuestas y conductas éticas de la práctica profesional (praxis).

5.1.1. Los peligros éticos

La conciencia ética es una parte fundamental de la práctica profesional de quienes ejercen el Trabajo Social. Su capacidad y compromiso para actuar éticamente es un aspecto esencial de la calidad del servicio que ofrecen a quienes hacen uso de los servicios de Trabajo Social. Sin embargo, también existen una serie de peligros éticos en la práctica profesional del Trabajo Social (Idareta, 2013):

- La búsqueda de respuestas seguras, simples y cerradas. La realidad social es compleja y cambiante, las relaciones e interacciones humanas aún más, por lo que se hace imposible dar respuestas simples y cerradas, así como listas de preceptos establecidos. El/la profesional se enfrenta a una variabilidad de situaciones y problemáticas enormes, vivimos en una sociedad en permanente transformación y cambio, en la que no dejan de aparecer cuestiones morales nuevas o problemas antiguos con aspecto renovado, que nos exigirán de un conocimiento constante y de una visión global para comprender la dimensión de cada situación y dar respuestas éticas ajustadas.

- El peso de la experiencia. Un peligro de los/las profesionales en activo es el de acentuar en exceso la importancia de los años de ejercicio para resolver las cuestiones de carácter ético. El peso de la experiencia no siempre tiene un resultado ético correcto e incluso a veces, puede ser contraproducente. La experiencia supone una ventaja, pero no debemos estancarnos en realidades conocidas, pues es necesario estar abiertos a nuevos aprendizajes, a nuevas situaciones que nos van a exigir una continua readaptación a la teoría, la práctica y a preceptos que, sin duda, nos van a generar dilemas y conflictos éticos nuevos.

- Ética de la situación. Consiste en centrarse únicamente en los casos concretos, olvidando la importancia de una reflexión más amplia sobre esta problemática donde pueden quedar enmarcadas las situaciones particulares. Hablamos del llamado "casuismo ético", para el cual, cada caso es diferente y cada persona usuaria plantea una problemática específica. Para los defensores de este planteamiento ninguna consideración de carácter general puede aportar los criterios éticos necesarios para servir como guía adecuada en cada una de las situaciones conflictivas a las que se enfrenta cada profesional.

- El olvido de las particularidades. El peligro ético contrario sería el de una abstracción exagerada, consistente en el olvido de las particularidades. Se trata del intento de regular toda actuación social, para siempre y en cualquier lugar, como si las variables sociales y personales no tuvieran la menor importancia. Las personas partidarias de esta postura consideran que existen ciertos principios universalmente válidos y aplicables por igual, independientemente de las particularidades. Éste es un peligro, sin embargo, menos extendido entre los/las profesionales del Trabajo Social, poco propensos en su mayoría a planteamientos excesivamente generalistas.

- La centralidad del código: Un peligro muy común proviene de la sacralización, casi dogmática, del código profesional. Un excesivo empeño codificador puede llevar a creer que todos los problemas éticos pueden ser resueltos recurriendo al código profesional. Aunque su uso es condición obligatoria y necesaria, no es suficiente para resolver todos los conflictos éticos surgidos en la práctica, debiendo recurrir a otros sistemas como las comisiones deontológicas de los colegios profesionales y reflexiones individuales y conjuntas con otros colegas con el fin de resolverlos. En definitiva, se trata de ir más allá del cumplimiento obediente del código, mediante la sensibilidad y vigilancia.

5.1.2. Las dimensiones de la ética profesional

Es posible dividir la ética profesional en tres dimensiones inseparables que la constituyen como tal y son, la dimensión teleológica, la dimensión normativa y la dimensión pragmática. Veamos en qué consiste cada una de ellas:

– Teleológica: Hace referencia a la finalidad. El "telos" (fin) específico de la profesión, que consiste a nivel general, según la FITS, en perseguir el Bienestar Social de las personas, grupos y comunidades, garantizando su integridad y bienestar físico, psicológico, emocional y espiritual. El/la trabajador/a social debe plantearse el "telos" (fin) de su práctica profesional, la finalidad, el bien intrínseco que pretende obtener con cada actuación profesional tanto a nivel global, como específico; en definitiva, los objetivos que pretende alcanzar con la sociedad en general o con las personas usuarias que trabaja, en particular.

– Dimensión pragmática: referida al momento de llevar a cabo el cometido profesional en la práctica (praxis), generalmente en soledad, donde se materializan las otras dimensiones (teleológica y normativa) y en la que los/as profesionales se enfrentan a los conflictos y dilemas éticos que les van a surgir.

– Normativa: Se refiere a los principios, normas y obligaciones a cumplir por quienes ejercen el Trabajo Social y que estarán recogidas en los siguientes niveles:

· Normativas, directrices mundiales/europeas procedentes de Naciones Unidas o tratados globales a nivel mundial o europeo sobre Derechos Humanos, Pactos de paz, Acuerdos sobre el clima, etc. (Declaración Universal Derechos Humanos de Naciones Unidas, 1948).

· Marco normativo nacional: Constitución Española de 1978, Ley General de Educación, de Sanidad, Dependencia, Eutanasia, etc.

· Normativa autonómica y local: Leyes autonómicas como las de Servicios Sociales, normativas municipales o institucionales, como ordenanzas de ayuda a domicilio, por ejemplo.

- Normativa específica de Trabajo Social: Relativa a conceptos, preceptos y Deontología de obligado cumplimiento que enmarcará y guiará la actuación profesional. La misma es cambiante y adaptable a la realidad y, por tanto, renovable. En la actualidad contamos con el documento de la Ética del Trabajo Social: Principios y Criterios de la FITS y la AITS (2004); el Código de Ética de la Asociación Nacional de Trabajadores Sociales Estadounidenses (NASW, 2008); el Código Deontológico del Trabajo Social Español del Consejo General de Trabajo Social (2012); y el Libro Blanco para el título de Grado en Trabajo Social (ANECA, 2005).

Algunos de los documentos especialmente relevantes para la práctica y acción del Trabajo Social son (Raya et al., 2018; Sánchez Alvarado, 2022):

- Declaración Universal de Derechos Humanos (1948).

- Pacto Internacional sobre Derechos Civiles y Políticos (1962).

- Pacto Internacional sobre Derechos Económicos, Sociales y Culturales (1977).

- Convención para la eliminación de todas las formas de Discriminación Racial (1969).

- Convención para la eliminación de todas las formas de Discriminación contra las Mujeres (1979)

- Convención sobre los Derechos del Niño (1989).

- Convención sobre Pueblos Indígenas y Tribales (1989).

Es en la práctica donde los/as profesionales han de tomar una decisión, a la luz del marco legal actual, los preceptos deontológicos del código correspondiente y consultando en última instancia las comisiones deontológicas existentes en las diferentes asociaciones o colegios profesionales. Así pues, las tres dimensiones mencionadas, están estrechamente relacionadas. Un/a trabajador/a social que quiera vivir éticamente su profesión ha de reflexionar sobre el fin último de su actuación profesional (dimensión teleológica), aplicar los principios y normas que la regulan (dimensión normativa) y analizar el modo de aplicarlas en el ejercicio de la actividad práctica ordinaria (dimensión pragmática). Un buen profesional debe tener en cuenta todo lo anterior y, además, en palabras de Úriz y Salcedo (2017) "ser capaz de razonar sus propios principios morales".

5.1.3. Principios, derechos y deberes

Los derechos son una parte importante de la tradición liberal occidental en la política y en la filosofía moral. Los mismos han sido relacionados con la noción kantiana del respeto hacia las personas como fin en sí mismo. De lo anterior se desprende que las personas tienen ciertos derechos que deberían ser respetados. Según Feinberg (1973) un derecho es una demanda válida. Por "válida" se entiende que está justificada, de acuerdo con un sistema de normas. Si alguien tiene un derecho, al menos otra persona tiene unos deberes hacia la misma.

Existen debates sobre los tipos de derechos a partir de la siguiente combinación: derechos absolutos (o ilimitados), derechos condicionales (o limitados), derechos universales (aplicables a todo el mundo sin excepción) y derechos particulares (aplicables a una clase determinada de gente). Clark y Asquith (1985), establecieron una clasificación teniendo en cuenta las combinaciones posibles:

- Derechos universales absolutos: aplicables incondicionalmente a todo el mundo. Sólo existe un derecho en esta categoría, y éste sería el derecho a ser tratado como un fin y no simplemente como un medio, que se desprende lógicamente del concepto de respeto hacía la dignidad de las personas.

- Derechos universales restringidos: aplicables a todo el mundo, aunque puedan ser retirados a cualquier persona. Esta categoría incluiría aquellos derechos que están concebidos como "derechos humanos", tales como el derecho a la libertad, que puede ser negada en ciertos supuestos, por ejemplo, queda suspendido para una persona encarcelada.

- Derechos particulares absolutos: aplicables sin límite a todo el mundo dentro de una determinada categoría. Por ejemplo, todos los familiares que son ciudadanos británicos tienen un derecho absoluto a reclamar el subsidio infantil.

- Derechos particulares restringidos: aplicables a ciertas personas bajo ciertas condiciones. Por ejemplo, un ciudadano español tiene derecho a recibir una pensión cuando llega a la edad prescrita de jubilación y ha satisfecho las condiciones necesarias de contribución a la Seguridad Social.

Banks (1997), en su obra "Ética y valores en el trabajo social", establece cuatro derechos que considera básicos para el usuario/cliente:

- Acceso a expedientes, reclamaciones y participación de las personas usuarias. Ofrecer a los/as usuarios/as el derecho a consultar la información sobre sus expedientes personales, a reclamar sobre los modelos de servicio; este contexto también ha incentivado la participación de los usuarios en la toma de decisiones sobre su propio caso. De ahí que los Planes Individuales de Atención de usuarios (PIA), se hagan con el consentimiento expreso e informado de los usuarios.

- Protección. La protección se basa en la noción de atención y capacitación a las personas usuarias para que articulen sus necesidades y se aseguren que sus derechos sean respetados. Cuando las personas no están preparadas para hablar por sí mismas o no tienen la capacidad de decidir sobre el tipo de necesidades que tienen o la forma en que les gustaría satisfacerlas, entonces la defensa deberá actuar desde su protección y en beneficio de lo que se entiende serán sus mejores intereses.

- Capacitación. Para Thompson (1990), la capacitación implica un intento de maximización del poder de las personas usuarias, de facilitarles el máximo control posible sobre sus circunstancias y su vida. Capacitar es antagónico a crear dependencia de los sujetos al poder de las instituciones o de los profesionales. El objetivo de capacitar es dotar de poder a las personas para su autonomía, empoderarlas para su autorrealización y para que vivan con una mejor calidad de vida en su medio habitual y en el mundo que les ha tocado vivir.

- La implicación de las personas usuarias en la planificación y prestación de los servicios constituye otro elemento clave de la legislación actual. Este impulso hacia una mayor implicación ciudadana comenzó a cobrar fuerza a finales de los años 80, en el marco de una tendencia general de las administraciones locales por "democratizar" sus servicios. Dicha tendencia se centraba en un acercamiento a las personas, adaptar mejor las actuaciones a las necesidades de cada comunidad (mediante consultas y la participación en consejos locales) y crear mecanismos que favorecieran la implicación de la población y de las personas usuarias en el diseño y la oferta de los servicios.

Downie y Loudfot (1978) enumeran cinco tipos diferentes de derechos y deberes relacionados con el papel de el/la trabajador/a social:

- Derechos y deberes legales hacia los usuarios, personas que emplean y otros profesionales.

- Derechos profesionales y deberes surgidos por formar parte de una profesión que tiene sus propios patrones de conducta. Implica la defensa y corporativismo de la profesión, con una práctica efectiva y ética que persiga la excelencia.

- Deberes morales surgidos de la circunstancia de que la figura del profesional trata con individuos específicos en situaciones específicas. Para ello, es fundamental el respeto de los derechos de las personas usuarias procurando su mejor atención y bienestar.

- Deberes sociales surgidos del hecho de que el/la trabajador/a social es también un ciudadano que tiene la oportunidad de hacer un bien civil. Destaca el compromiso con el cambio y bienestar social desde el cumplimiento de las leyes establecidas y la denuncia de la injusticia social.

– Derechos de procedimiento y deberes surgidos del hecho de que quien ejerce la profesión está empleado por una institución que tiene sus propias normas. Refiere al cumplimiento de las normas, procedimientos y protocolos prescritos en la misma, encaminados a la mayor y mejor atención de las personas.

La figura del profesional del Trabajo Social desarrolla su labor dentro de un marco institucional regulado por la legislación vigente, las normas de la entidad que lo emplea y los principios éticos establecidos en su código profesional.

De acuerdo con los códigos éticos de la FITS, que aún siguen vigentes, se recogen los siguientes deberes de los/as trabajadores/as sociales con los usuarios:

– Se espera que los/las trabajadores/as sociales desarrollen y mantengan las habilidades y preparación necesarias para desarrollar su trabajo.

– Los/las trabajadores/as sociales no participarán nunca en acciones con fines inhumanos tales como tortura o terrorismo.

– Los/as trabajadores/as sociales deben actuar con integridad. Es decir, no abusar de la relación de confianza con los usuarios, reconocer los límites entre la vida personal y profesional, y no abusar de su posición para beneficios o ganancias personales.

– Los/as trabajadores/as sociales deben actuar con los/as usuarios/as de sus servicios con empatía y atención.

– Los/las trabajadores/as sociales no deben subordinar las necesidades e intereses de los/as usuarios/as a sus propias necesidades o intereses.

– Los/as trabajadores/as sociales tienen el deber de hacer lo necesario para cuidar de sí mismos profesional y personalmente en el lugar de trabajo y en la sociedad, para asegurarse de que pueden ofrecer los servicios adecuados.

– Los/as trabajadores/as sociales deben mantener la confidencialidad de la información sobre los usuarios y el secreto profesional. Las excepciones solo estarán justificadas por requerimientos éticos superiores (ej. preservar la vida).

– Los/as trabajadores/as sociales tienen que asumir la responsabilidad de sus acciones ante los usuarios de los servicios, las personas con las que trabajan, sus colegas, sus empleadores, las organizaciones profesionales y ante la ley. Incluso si ello es motivo de conflicto.

- Los/as trabajadores/as sociales deben estar dispuestos a colaborar con las facultades de Trabajo Social para apoyar a los estudiantes de Trabajo Social a acceder a unas prácticas de formación de buena calidad que les permita mejorar su conocimiento práctico.

Los Principios Básicos del Trabajo Social, coincidentes con los Derechos fundamentales de las personas usuarias, están recogidos en el Código Deontológico español en su capítulo II, y son tres:

- Dignidad. La persona humana, única e inviolable, tiene valor en sí misma, con sus intereses y finalidades, y por tanto con derecho a que se respete su dignidad.

- Libertad. La persona, en posesión de sus facultades humanas, realiza todos los actos sin coacción ni impedimentos.

- Igualdad. Cada persona posee los mismos derechos y deberes compatibles con sus peculiaridades y diferencias.

De los anteriores, se derivan los principios generales que han fundamentado desde siempre la profesión, que son los pilares del Trabajo Social y la inspiración de todo el cuerpo normativo. Entre ellos, destacan: individualización, autodeterminación, aceptación incondicional, no enjuiciamiento, confidencialidad, respeto por la dignidad humana, justicia social, autonomía y responsabilidad profesional.

De acuerdo con los principios del Trabajo Social, los deberes de la profesión se basan en la justicia social, dignidad humana y Derechos Humanos. Estos refirieren al respecto al valor y dignidad inherentes a toda persona, apoyar y defender la integridad y bienestar físico, psicológico, emocional y espiritual de cada persona, de forma global. A través del derecho a su autodeterminación, se debe favorecer su empoderamiento y participación. Por otro lado, también se encargan de promover la justicia social, en relación con la sociedad en general, y con las personas con las que trabajan. Para ello, desafían la discriminación negativa de cualquier tipo o circunstancia y se reconoce la diversidad de las personas y colectivos, denunciando situaciones de injusticia, velando por una distribución de los recursos equitativa y una sociedad inclusiva.

5.2. Los dilemas éticos y su abordaje

Hablamos de dilemas o conflictos éticos cuando surgen dudas, disyuntivas sobre la moral y las obligaciones, que nos hacen debatir entre varias alternativas posibles. En opinión de Banks (1997), estamos ante un dilema ético cuando el/la profesional tiene que elegir entre dos o más indicaciones éticas relevantes pero contradictorias.

En otras palabras, cuando el/la trabajador/a social se enfrenta a dos o más principios éticos en conflicto, y no puede cumplir uno sin violar otro. Por ejemplo: respetar la confidencialidad y, a la vez, proteger a una persona en riesgo. La práctica profesional está cargada de contradicciones por causas muy variadas y cambiantes, sirva como ejemplo las señaladas por García (2007):

- Los conflictos entre el deber de proteger los intereses de las personas con las que trabajamos como la confidencialidad o la autodeterminación y las demandas de la sociedad de eficiencia y utilidad.

- Al ser proveedores de recursos en políticas sociales injustas o insuficientes, y ante el hecho de que los recursos siempre son limitados.

- Al posicionarnos entre la sociedad o institución en la que trabajamos y por la que la que luchamos.

- Cuando desempeñamos funciones de ayuda y de control de forma simultánea.

- Cuando debemos ser coherentes entre lo que pensamos, somos y hacemos en la intervención.

La ética proporciona un marco de referencia para tomar decisiones informadas y responsables, basadas en los principios fundamentales de la profesión, pero existen cuestiones que motivan frecuentemente conflictos y dilemas éticos y se producen cuando se dan intereses dispares o contrapuestos, cuando los profesionales nos debatimos entre la elección de varias alternativas sin saber cuál es la correcta o la mejor en un determinado momento. Por ende, quienes ejercen el Trabajo Social a menudo tienen la responsabilidad de tomar decisiones que involucran varios principios éticos.

En un mundo ideal se podría asumir que los derechos y deberes profesionales, e individuales coincidirán con los requeridos por la sociedad y la entidad que nos contrata, sin embargo, no se da siempre esta situación, e incluso podemos afirmar que en la práctica adquirimos deberes y aplicamos principios que pueden contradecirse, generando dudas o dilemas. Reamer (1993) recoge tres grandes tipos de problemas que originan dilemas a los trabajadores sociales:

- Los dilemas éticos relacionados con la intervención con individuos, grupos y familias, donde los principales temas éticos de dificultad son los referidos a la confidencialidad, la información, la autodeterminación de la persona usuaria, el paternalismo y el consentimiento informado.

- Los dilemas derivados del diseño y la administración de programas y políticas de bienestar, donde los principales dilemas éticos son los relativos a la distribución de recursos limitados, el derecho de los individuos al bienestar y la cobertura de personas en situación de extrema necesidad.

— Los derivados de las relaciones con el equipo profesional o colegas, donde los principales dilemas éticos se refieren a la incompetencia profesional, el uso de la información relativa a las personas usuarias, los conflictos con las normativas de cada institución, etc.

A estas categorías, habría que sumar aquellos problemas surgidos con nosotros mismos, es decir, nuestros propios principios y valores morales personales y con otro/a profesional.

Por su parte, el código deontológico profesional intenta dar respuesta a las cuestiones éticas y su orientación siempre debe de primar ante cualquier conflicto. Utilizando el código en primera instancia y recurriendo a las comisiones deontológicas, en última, pero en el día a día de la práctica los/as profesionales nos enfrentamos a dilemas que, en ocasiones, no somos ni conscientes o que, en otras, no sabemos cómo resolver.

Para dar solución a estos dilemas se requiere, no sólo de conocimiento técnico y normativo, sino también de reflexión crítica, sensibilidad ética y marcos metodológicos sólidos. Frederic G. Reamer y Ángel Ballestero son dos referentes teóricos importantes en el campo de la ética profesional en Trabajo Social. Ambos, ofrecen modelos que pueden resultar válidos como guías prácticas para abordar conflictos éticos que enfrentan quienes ejercen la profesión durante la intervención social; y, aunque los dos, destacan la importancia de actuar con responsabilidad, reflexividad y tiendo en cuenta la fundamentación teórica, parten de enfoques diferentes.

5.2.1. Modelo de resolución de dilemas éticos de Frederic G. Reamer

El modelo de Frederic G. Reamer es ampliamente utilizado, principalmente en países de habla inglesa, y adaptado en varios contextos de habla hispana. Este modelo, caracterizado por ser más estructurado y normativo, reúne los siguientes pasos:

Tabla 20. Etapas del modelo de Reamer

Nombre de la etapa	Descripción
Identificar el dilema ético	Se analizan los problemas éticos, incluyendo los valores y deberes profesionales contrapuestos.
Identificar a quien afecta	Precisar quiénes son las personas, grupos u organizaciones que resultan influenciados por la decisión ética.

Nombre de la etapa	Descripción
Explorar posibles cursos de acción y sus consecuencias	Determinar las opciones de actuación y a las personas involucradas valorando los riesgos y beneficios asociados a cada una.
Examinar los pros y contras significativos	Analizar los argumentos a favor y en contra que resulten pertinentes para cada acción.
Consultar con colegas y supervisores.	La toma de decisiones éticas no debe ser individual ni aislada; el contraste de opiniones profesionales es clave.
Tomar la decisión más ética posible	Se elige la acción que mejor equilibra los valores y deberes en conflicto, con base en la reflexión crítica.
Documentar el proceso de decisión	Es importante dejar constancia escrita del razonamiento seguido, especialmente si se actúa ante situaciones sensibles.
Evaluar el resultado	Se revisa el impacto de la decisión en el corto y largo plazo y se aprende del proceso.

Fuente: Reamer (1993).

5.2.2. Modelo de resolución de dilemas éticos de Ángel Ballestero

El enfoque de Ángel Ballestero se basa en la ética aplicada y en la deliberación, resaltando el marco contextual y proponiendo un proceso participativo y contextualizado para resolver dilemas, que reúne las siguientes fases:

Tabla 21. Etapas del modelo de Ballestero

Etapa	Descripción
Dilema ético y principios	Identificar el dilema ético y los principios que están en conflicto
Personas e instituciones	Reconocer a las personas e instituciones que, de alguna manera, estén vinculadas con el origen, el estado actual o la posible resolución del dilema.
Soluciones y consecuencias	Identificar inicialmente todas las posibles soluciones y las consecuencias para las personas e instituciones involucradas. Para ello, se examinarían todas las alternativas sin emitir juicios previos sobre su conveniencia o valor moral.
Filtro ético	Determinar cuáles de las soluciones identificadas resultan éticamente válidas dentro del ejercicio profesional del trabajo social. Para ello, se revisarían los códigos de ética, los principios de la profesión y las normativas específicas vigentes en cada contexto.

Etapa	Descripción
Filtro legal	Verificar cuáles de las soluciones consideradas éticamente válidas en la profesión no generan nuevos conflictos o dilemas morales y, además, se ajustan a las leyes vigentes.
Filtro de la ley social	Analizar los casos previos resueltos que presenten el mismo o un dilema ético similar. Se podría recurrir si es necesario a la orientación del colegio profesional, al intercambio confidencial de opiniones con colegas o a la consulta con especialistas. Estos casos ya resueltos son una especie de "jurisprudencia social" sobre la que apoyarse.
Reflexión y decisión	Analizar detenidamente las soluciones que hayan superado todos los filtros —ético, legal y social— con el fin de determinar cuál de ellas, además de ser moralmente aceptable dentro de la profesión y no generar nuevos conflictos (o, en todo caso, no más graves que el original), protege de mejor manera la autonomía del usuario y minimiza los posibles perjuicios a terceros, considerando también la "jurisprudencia social" existente.
Seguimiento y evaluación	Una vez resuelto el dilema, se procedería a evaluar su calidad ética con el propósito de mejorar la gestión de futuros dilemas, enriquecer la "jurisprudencia social" de la profesión y fortalecer la experiencia profesional de quien llevó a cabo la resolución.

Fuente: Ballestero (2009).

5.3. El Código Deontológico en Trabajo Social

Un código ético es un documento normativo que recoge los valores, principios y normas de conducta que guían la práctica profesional, que nos obliga legal y moralmente a su cumplimiento. Su objetivo es proteger a las personas destinatarias, las personas usuarias o clientes, y orientar a los/as profesionales, así como fortalecer la calidad, coherencia y legitimidad del Trabajo Social.

5.3.1. La evolución de los códigos éticos

Al principio, la ética profesional se basaba en valores cristianos o filantrópicos, sin una codificación formal. La formalización de los códigos éticos en Trabajo Social empezó a gestarse en Estados Unidos, en la década de los años 20 del siglo XX, con las primeras iniciativas de la Asociación Nacional de Trabajadores Sociales de Caridad. Destaca la influencia ejercida por múltiples fuentes éticas, jurídicas, filosóficas y profesionales que le dieron legitimidad, coherencia y aplicabilidad internacional. En 1947, en Estados Unidos, la American Association of Social Workers redactó el primer código deontológico informal. No es hasta el año 1960 cuando la National Association of Social Workers (NASW) adoptó el primer Código Ético formal y sistematizado, influenciado por la filosofía liberal y los derechos individuales. Posteriormente, en 1976, en San Juan de Puerto Rico, la Federación Internacional de Trabajadores Sociales (FITS) redactó una Declaración de Principios Éticos, revisada y actualizada en varias ocasiones. Posteriormente se ha ido actualizando con declaraciones de principios éticos en las distintas asambleas de la FITS, como hemos visto e incorporándose también la Asociación Internacional de Escuelas y Facultades de Trabajo Social. El objetivo del trabajo de la AIETS y de la FITS sobre ética es promover el debate ético y la reflexión en las organizaciones miembros entre los/as profesionales de los países miembros, así como en las escuelas y facultades de Trabajo Social y, entre sus estudiantes.

La versión más citada y utilizada actualmente del Código Internacional es la de 2018, fue elaborada junto a la Asociación Internacional de Escuelas de Trabajo Social (IASSW) y está basada en los derechos humanos y en los principios de: justicia social, dignidad, individualización, autodeterminación, solidaridad, e integridad y responsabilidad profesional. Los derechos humanos son la base ética fundamental del Trabajo Social moderno, por lo que el código se alinea con la Declaración Universal de los Derechos Humanos (1948) y otras declaraciones, como el Convenio Europeo de Derechos Humanos (1950), la Convención sobre los Derechos del Niño (1989) y otros tratados internacionales. El documento "Ética en el Trabajo Social, Declaración de Principios" fue aprobado por la Asamblea General de la FITS y de la Asociación Internacional de Escuelas de Trabajo Social en Adelaida, Australia, en octubre de 2004.

Por su parte, los primeros pasos en la evolución del código ético en España datan de los años 70 y 80 del siglo XX, ya que el Trabajo Social en nuestro país se profesionalizó a partir del fin del franquismo. Las primeras reflexiones éticas surgieron de la mano de organizaciones colegiales y universidades que buscaban redefinir la función del Trabajo Social en el inicio de la democracia. Estos impulsos, consecuencia del contexto sociopolítico español ayudaron a consolidar el Trabajo Social como profesión crítica y garante de derechos. En 1986 nace el primer Código Deontológico de Trabajo Social en España, publicado por el Consejo General de Colegios Oficiales de Diplomados en Trabajo Social. Este código se centraba en principios como el respeto a los derechos de la persona, la confidencialidad, la responsabilidad profesional y la obligación de la actualización formativa.

Tras este hito, se tardó algo más de una década para hacer las revisiones pertinentes con el fin de conseguir su adaptación a los cambios sociales, a las problemáticas emergentes y a los derechos de los nuevos colectivos. Por ello, la primera revisión del Código tuvo lugar en 1999 y, la segunda, la actualmente vigente y de aplicación obligatoria para todos los/as trabajadores/as sociales en ejercicio a nivel nacional, es del año 2012. Esta revisión incorporó las directrices internacionales y los principios de los códigos de ética de la FITS y de la AIETS, un enfoque más garantista y centrado en los derechos humanos. El código deontológico español se articula con leyes vigentes en el Estado como son: la Constitución Española (1978), especialmente en su artículo 10 donde habla de la dignidad humana como fundamento del orden jurídico; la Ley Orgánica de Protección de Datos y Garantía de Derechos Digitales (LOPD-GDD); la Ley de Servicios Sociales de las Comunidades Autónomas, Ley de Igualdad, Ley de Dependencia, Ley de Infancia, etc. Estas leyes refuerzan el deber legal y ético del trabajador/a social de actuar conforme al respeto a los derechos y la legalidad vigente.

La historia de los códigos éticos en Trabajo Social refleja las necesidades reales del ejercicio profesional. Su evolución, tanto nacional como internacional, viene influenciada por el cambio del rol profesional desde una ayuda caritativa hasta una práctica crítica, reflexiva y comprometida con los derechos humanos. En España, el desarrollo del código se vio acompañada por el crecimiento democrático de la profesión, que ha ido adaptándose a los desafíos sociales y éticos contemporáneos.

5.3.2. Motivos para la existencia de los códigos éticos

El fin de todo código ético es establecer unos criterios generales que sirvan de guía y orientación a la hora de interpretar cuestiones relacionadas con la conducta del/la trabajador/a social en el ejercicio de la profesión, tanto a lo referente en su relación con las personas usuarias de los servicios, como en la forma de proceder con otros profesionales, instituciones, y la sociedad en general. Por ello, es responsabilidad de las asociaciones miembros de la FITS y de la AIETS desarrollar, actualizar regularmente y adaptar los códigos éticos a la realidad de su país.

El código ético también tiene la función de prevenir el abuso de poder y garantizar que quienes ejercen la profesión no actúen de manera impropia o interesada. Así pues, establece normas claras de actuación para evitar la explotación o la manipulación de las personas usuarias. Además, al aplicar el código ético, los/as trabajadores/as sociales se comprometen a realizar su quehacer con competencia, responsabilidad e integridad, por lo que realiza una importante labor de promoción de la calidad en la intervención social.

El propio código deontológico español, en su preámbulo, enumera los objetivos siguientes:

- Necesidad de acotar responsabilidades profesionales.

- Promover el incremento de los conocimientos científicos y técnicos.

- Definir el correcto comportamiento profesional con las personas, con la persona usuaria y con otros profesionales.

- Evitar la competencia desleal.

- Mantener el prestigio de la profesión.

- Perseguir el constante perfeccionamiento de las tareas profesionales.

- Valorar la confianza como factor importante y decisivo en las relaciones públicas.

- Atender al servicio de la ciudadanía y las instituciones.

- Servir de base para las relaciones disciplinares.

Con todo, podemos decir que existen muchos argumentos que defienden la importancia práctica de los códigos éticos y, en concreto, en nuestra profesión. Entre ellos, se pueden destacar las razones que, según Montero (2017), validan y justifican un código de ética:

- Hacer públicas y expresas las normas, para que personas usuarias y profesionales las puedan conocer.

- Formar y estimular la conciencia moral, que motive a reflexionar y a reavivar el compromiso con la ética.

- Orientar la acción en casos concretos.

- Favorecer la unidad profesional.

- Incrementar la autonomía profesional, asegurando la autonomía técnica y profesional frente a cualquier intento de interferencia.

- Proteger a las personas usuarias.

- Ofrecer bases para las sanciones y para la autodefensa.

Sin embargo, hay corrientes que históricamente se han mostrado escépticos hacía la existencia de los códigos, entre algunos autores destaca Natalio Kisnerman (2001), que abogan por la conducta ética y moral personal por encima de cualquier código. No obstante, la experiencia profesional y la realidad actual han venido a demostrar la necesidad y obligatoriedad de estos. Como señala Lima (2009), son la única forma de proteger a las personas usuarias, la autodefensa profesional y estimular la conciencia social y ética necesaria. En definitiva, resulta indispensable cumplir con los códigos de ética como marco normativo, así como mantener una conducta ética reflexiva, tanto en el plano personal como profesional, para intervenir adecuadamente.

5.3.3. Estructura del Código Deontológico del Trabajo Social.

El Código Deontológico del Trabajo Social de 2012 es el vigente en España, aprobado por el Consejo General del Trabajo Social, está estructurado en torno a compromisos éticos con los diferentes actores y dimensiones del ejercicio profesional: las personas usuarias, la sociedad, la profesión, las organizaciones, los colegas, y el ejercicio profesional de la ética y su supervisión. Es un documento normativo, referencial y práctico, dividido en cinco capítulos organizados por ámbitos de compromiso ético, que guía la conducta de la los/as trabajadores/as.

Tabla 22. Estructura del Código Deontológico Español

Capítulo	Artículos	Resumen Ámbito ético
I	1 al 6	– La finalidad del código es establecer los deberes que rigen el ejercicio profesional en España, siendo de cumplimiento obligatorio para quienes ejercen el Trabajo Social, independientemente de su modalidad contractual o ámbito territorial. – Su incumplimiento conlleva sanciones disciplinarias. – Las organizaciones colegiales tienen la responsabilidad de promover, desarrollar, difundir y velar por su cumplimiento.
II	7	Principios básicos y generales.
III	8 al 23	En relación con la persona usuaria: – Confidencialidad y derecho a la intimidad. – Desarrollar potencialidades de las personas. – Atención sin discriminación por ninguna razón. – Motivar participación respetando sus intereses. – Favorecer la autodeterminación. – No abuso de poder u objeto de lucro. – Compromiso con la igualdad de oportunidades evitando desventaja social y situaciones de vulnerabilidad. – Información y atención desde el respeto mutuo. – No participación en actos terroristas o que agredan a seres humanos.

Capítulo	Artículos	Resumen Ámbito ético
III	24 al 33	Relación con otros profesionales: – Coordinar con otros profesionales desde el ámbito de su competencia en casos necesarios. – Recabar el consentimiento de la persona para la presencia de terceros. – Promover el intercambio de conocimiento con otras disciplinas. – Orientar y guiar a colegas que lo demanden. – Derivar y transmitir documentación e información necesaria, profesional y objetiva, respetando la confidencialidad. – Respeto y objetivad hacia el trabajo en equipo. – Respeto mutuo evitando la competencia desleal. – Comunicar el incumplimiento del código ético de otros profesionales.
	34 al 47	Relación con las instituciones: – Denunciar la violación de Derechos Humanos. - Apoyar la mejora de la calidad de los servicios sociales. – Conocer y respetar la normativa de la institución. – Participar en el código de ética y estándares de calidad institucional. – Informar con regularidad de su actividad respetando la confidencialidad, así como de los medios necesarios para el desarrollo de su actividad profesional. – Disponer de autonomía para el uso de técnicas adecuadas y formación. – Establecer prioridades con criterios adecuados a las necesidades de las personas usuarias. – Proponer cambios de procedimientos y políticas para el bienestar social. – Recurrir a los colegios profesionales en caso de incumplimiento de principio éticos. – Invocar a la objeción de conciencia.
IV	48 al 55	Sobre la confidencialidad y el secreto profesional, y supuestos de exención: – Deberes en relación con la información confidencial: de calidad, de consentimiento, de finalidad, de cesión de informa

Capítulo	Artículos	Resumen Ámbito ético
		ción y advertencia de confidencialidad, de cumplimiento de la legislación de protección de datos, administrativa o de la entidad en la que trabaje, de limitación, y de custodia y acceso responsable.
V	56 al 59	Compromisos con la ética profesional y el control deontológico – El deber de someterse a evaluación deontológica – La obligación de respetar los mecanismos de control ético – La función del Comité Deontológico de los Colegios Profesionales – El derecho a formular denuncias éticas ante malas praxis.

Fuente: Consejo General del Trabajo Social (2012).

La estructura del Código Deontológico del Trabajo Social está diseñada de forma clara y ordenada para guiar el ejercicio profesional desde una base ética sólida. Se organiza en torno a principios fundamentales, derechos, deberes y normas que orientan la conducta del profesional hacia la defensa de la dignidad humana, la justicia social y el respeto a los derechos humanos.

Esta estructura permite abordar no sólo los compromisos individuales profesionales del Trabajo Social con las personas usuarias, sino también sus responsabilidades hacia la profesión, las instituciones y la sociedad en general. La inclusión de sanciones en caso de incumplimiento refuerza su carácter normativo, más allá de una simple declaración de intenciones. En conjunto, el código combina valores éticos universales con las particularidades del ejercicio profesional, favoreciendo una actuación coherente, responsable y comprometida con el cambio social.

Referencias bibliográficas

Agencia Nacional de la Evaluación de la Calidad y Acreditación (2004). *Libro blanco del título de grado en Trabajo Social.* http://www.aneca.es/media/150376/libroblanco_trbjsocial_def.pdf

Aguilar, M.J. y Ander-Egg (2013). *Diagnóstico social conceptos y metodología.* Grupo Editorial Lumen-Hvmanitas.

Ander-Egg, E. (1982). *Metodología y Práctica del Desarrollo de Comunidad.* El Ateneo.

Ander-Egg, E. (1992). *Apuntes para una historia del Trabajo Social.* Grupo Editorial Lumen-Hvmanitas.

Ander-Egg, E. (1993). *Introducción al Trabajo Social.* Grupo Editorial Lumen-Hvmanitas.

Ander-Egg, E. (1994). *La problemática social: Introducción al diagnóstico social.* Grupo Editorial Lumen-Hvmanitas.

Ander-Egg, E. (1995). *Diccionario del trabajo social.* Grupo Editorial Lumen-Hvmanitas.

Arias, A., Arbuatti, A., Giraldez, S. y Zunino, E. (2013). "Secuencias, niveles y procesos: Viejas, y sin embargo presentes, tensiones dentro de la metodología del Trabajo Social". En A. Arias, E. Zunino y S. Garello (Comps.), *El proceso metodológico y los modelos de intervención profesional: La impronta de su direccionalidad instrumental y su revisión conceptual actual* (pp. 40-50). Universidad de Buenos Aires.

Arias Astrai, A. (2024). "El Trabajo Social como disciplina y profesión: debates y panorámica actual". En J. Garcés Ferrer (Eds.). *Tratado general de Trabajo Social, Servicios Sociales y Política Social* (pp. 83-116). Tirant Humanidades.

Asamblea General de las Naciones Unidas. (1948). *Declaración Universal de los Derechos Humanos.* https://www.un.org/es/about-us/universal-declaration-of-human-rights

Asamblea General de las Naciones Unidas. (1959). *Declaración de los Derechos del Niño.* https://www.un.org/es/about-us/universal-declaration-of-human-rights

Ballestero, A. (2000). *Ética del Trabajo Social: dilemas y propuestas.* Narcea.

Ballestero, A. (2009). "Dilemas éticos en Trabajo social: el modelo de la ley social". *Portularia*, IX (2), 123-131.

Beck, A. T., Steer, R. A. y Brown, G. K. (1996). Beck Depression Inventory–II (BDI-II) [Database record]. *PsycTESTS.* https://doi.org/10.1037/t00742-000

Bellón Saameño, J. A., Delgado Sánchez, A., Luna del Castillo, J. D. y Lardelli Claret, P. (1996). "Validez y fiabilidad del cuestionario de apoyo social funcional Duke-UNC-11". *Atención Primaria*, 18(4), 153–163. https://doi.org/10.1016/S0212-6567(96)71772-4

Banks, S. (1997). *Ética y valores en Trabajo Social*. Ediciones Paidós.

Barranco, C. (2006). "La intervención en Trabajo Social desde la calidad integrada". *Alternativas. Cuadernos de Trabajo Social*, 12, 79-102.

Bartlett, H. (2003). "Working definition of social work practice". *Research on Social Work Practice*, 13 (3): 267-270.

Bautista, M. y Jiménez, V. (2019). "Acercamientos interpretativos al perfil del trabajador social tanatológico". *Revista Trabajo Social UNAM*, (21-22), 43-58. http://www.revistas.unam.mx/index.php/ents/article/download/79549/70267

Berger, P. y Luckman, T. (1985). *La construcción social de la realidad*. Amorrortu

Bradshaw, J. (1972). "The concept of social need". *New Society*, 3, 640-645.

Brown, J. B., Lent, B., Schmidt, G. y Sas, G. (2000). "Application of the Woman Abuse Screening Tool (WAST) and WAST-short in the family practice setting". *Journal of Family Practice*, 49, 896–903.

Cáceres, C., Cívicos, A., Hernández, M. y Puyol, B. (2014). "Documentos básicos del Trabajo Social". En T. Fernández (Coord.), *Fundamentos del trabajo social* (pp. 385-406). Alianza Editorial.

Campo Antoñanzas, M. A. (1978). *Introducción al Trabajo Social*. Escuela Diocesana de AA.SS.

Caparrós, N. y Raya, E. (2015). *Métodos y técnicas de investigación en Trabajo Social*. Grupo 5.

Caplan, G. (1964). *Principles of preventive psychiatry*. Basic Books.

Castro, M., Ríos M. J. y Carvajal, E. (2025). "El diagnóstico en Trabajo Social: un análisis del proceso metodológico para su elaboración". En M. Castro, C.Y. Reyna y J. Méndez (Coords.), *Fundamentos metodológicos para la Intervención en Trabajo Social* (pp.111-130). Acanits.

Cazorla Becerra, K. y Fernández Hormachea, J. (2007). "Reflexiones en torno a la visita domiciliaria como técnica de trabajo social". *Revista universitaria de Trabajo Social* (Universidad de Valparaíso), Nº 3, 71-86.

Celedón Lagos, C. (2008). "El concepto de Trabajo Social". En T. Fernández García y C. Alemán Bracho (Coord.), *Introducción al Trabajo Social* (pp. 250-276). Alianza Editorial.

Centenero, F. (2025). "El Trabajo Social en las organizaciones privadas: RSC y Outsourcing". En E. Bódalo, C. Caravaca-Llamas y J. Sáez (coords.), *La innovación social en Trabajo Social* (pp.185-196). Tirant lo Blanch.

Clark, C. y Asquith, S. (1985). *Social work and social welfare*. Oxford University Press.

Colom Masfret, D. (2005). *Libro Verde del Trabajo Social. Instrumentos de Documentación Técnica*. Consejo General de Diplomados en Trabajo Social y Asistentes Sociales.

Colomer, M. (1974). "Método de Trabajo Social". *Revista de Trabajo Social*, 75, 4-48.

Consejo General del Trabajo Social (2012). *Código Deontológico de la Profesión de Trabajo Social*. Consejo General de Diplomados en Trabajo Social y Asistentes Sociales.

Consejo General de Colegios Oficiales de Diplomados de Trabajo Social y Asistentes Sociales (1985). *Dos documentos básicos en Trabajo Social. Estudio de la aplicación del Informe y Ficha Social*. Siglo XXI.

Constitución Española. (1978). *Boletín Oficial del Estado*, 311, 29313–29424. https://www.boe.es/eli/es/c/1978/12/27/(1)

Cordero Ramos, N. (2013). "Pensando la formación ética en Trabajo Social: razones, fundamentos y experiencias". En L. M. Rondón García y M. L. Taboada González (Coords.), *Voces para la ética del Trabajo Social en tiempos trémulos* (pp. 91-102). Ediciones Paraninfo, S. A. y Consejo General de Trabajo Social.

Cortina, A. (2007). "Las éticas aplicadas". En C. Gómez, y J. Muguerza (Eds.), *La aventura de la moralidad (Paradigmas, fronteras y problemas de la ética)* (pp. 444-464). Anaya.

Cruz Suaza, F. C. y De La Red, N. (2000). "Intervención integral para el desarrollo en el medio rural". *Psychosocial Intervention*, 9(2), 155-168.

Dalgard, O. S., Bjørk, S. y Tambs, K. (1995). "Social support, negative life events and mental health". *The British Journal of Psychiatry*, 166(1), 29–34.

De la Fuente. Y. M. y Sotomayor, E. M., (2014). "El Trabajo Social en España". En T. Fernández García (Coord), *Fundamentos del trabajo social* (pp. 109-131). Alianza Editorial.

De las Heras Pinilla, M. P. (2009). *Trabajo Social y Servicios Sociales: conocimiento y ética.* Paraninfo.

De las Heras, P. y Cortajarena, E. (1985). *Introducción al bienestar social.* Federación Española de Asistentes Sociales.

De la Paz Elez, P. (2011). "La intervención en Trabajo Social desde la perspectiva de las fortalezas". *Cuadernos de Trabajo Social*, 24, 155-163.

De la Red Vega, N. (1993). *Aproximaciones al Trabajo Social.* Siglo XXI.

De Robertis, C. (2003). *Fundamentos del Trabajo Social.* Nau Libres.

Díaz Bolaños, C. D., Pérez Rodríguez, M. C. y González Bueno, M.A. (2006). *Introducción al Trabajo Social.* Universidad de Las Palmas de Gran Canaria, Vicerrectorado de Planificación y Calidad.

Díaz, H. L. (2022). "Origen y desarrollo de la profesión de trabajo social en los Estados Unidos de América". En F. J. García-García (Coord.), *Orígenes y desarrollo del trabajo social. Trayectoria de una profesión* (pp.376-392). Universitas.

Díaz Sanjuan, L. (2010). *La Observación.* UNAM.

Díaz Herráiz, E. y Fernández de Castro, P. (2013). "Conceptualización del diagnóstico en Trabajo Social: necesidades sociales básicas". *Cuadernos de Trabajo Social,* 26(2): 431-443.

Díaz Veiga, M., García, N., Goñi, I., Fernández, P. y Ayuso, R. (1992). "Escala de valoración socio-familiar de Gijón: Utilidad en atención primaria". *Atención Primaria*, 9(6), 320–324.

Dominelli, L. (2012). *Green social work: From environmental crises to environmental justice.* Polity.

Doyal, L., y Gough, I. (1994). *Teoría de las necesidades humanas.* Icaria.

Downie, R. S., y Loudfoot, E. (1978). "Aim, skill and role in social work". En N. Timm y D. Watson (Comps.), *Philosophy in social work* (pp.111-126). Routledge & Kegan Paul.

Edwards, B., y Addae, R. (2015). "Ethical Decision-Making Models in Resolving Ethical Dilemmas in Rural Practice: Implications for Social Work Practice and Education". *Journal of Social Work Values and Ethics*, 12 (1), 88-92.

England, H. (1986). *Social Work as Art. Making Sense for Good Practice*. Allen & Unwin.

Espinosa, V. (1983). *Programación: Manual para Trabajadores Sociales*. Grupo Editorial Lumen-Hvmanitas.

Everston, C. y Green, J. (2009). *La Observación como Indagación y Método. Métodos cualitativos y de Observación*. Wittrock.

Federación Europea de Organizaciones Nacionales que trabajan con Personas sin Hogar (2017). *ETHOS – European Typology on Homelessness and Housing Exclusion: Updated 2017*. European Federation of National Organisations Working with the Homeless. https://www.feantsa.org

Federación Internacional de Trabajadores Sociales (1982). Asamblea General de la FITS [Conferencia]. Viena, Austria.

Federación Internacional de Trabajadores Sociales (2014). *Definición global del Trabajo Social*. https://www.ifsw.org/

Federación Internacional de Trabajadores Sociales (2018). *Declaración Global de Principios Éticos del Trabajo Social*. https://www.ifsw.org/declaracion-global-de-los-principios-eticos-del-trabajo-social/

Feinberg, J. (1973). *Social Philosophy*. Prentice-Hall.

Fernández, P. (2021). *Trabajo Social y nuevos movimientos sociales: el reto de las demandas emergentes*. Alianza Editorial.

Fernández García, T., y Ponce de León, L. (2012). *Trabajo Social individualizado. Metodología de Intervención*. UNED Ediciones Académicas.

Fernández García, T. (1992). *Hoy Universidad*. Universidad Nacional de Córdoba.

Font, T., y Porcel, A. (1986): *Estudio sobre técnicas de trabajo social*. Colegio Oficial de Diplomados en Trabajo Social y Asistentes Sociales.

Forst, R. (2007). *Contextos de la justicia: Políticas y filosofía en tiempos globales*. Katz Editores.

Fortune, A. E., McCallion, P. y Briar-Lawson, K. (2010). *Social Work Practice Research for the twenty-first century*. Columbia University Press.

García, B. (2007). "Los profesionales del Trabajo Social y la ética profesional ante los nuevos retos y necesidades sociales". *Humanismo y Trabajo Social*, V.6, 173-188. Universidad de León.

García, G. (2008). "Reflexiones y utilidades sobre el diagnóstico y la programación de la intervención social. *Ecos de Mary Richmond*". *Revista de Política Social y Servicios Sociales*, 83, 9-38.

García, F.J., y Meneses, C. (2014). "Ámbitos de Intervención en Trabajo Social". En T. Fernández, *Fundamentos del trabajo social* (pp. 345-384). Alianza Editorial.

García Alba, J., y Melián, J. R. (1993). *Hacia un nuevo enfoque del trabajo social*. Narcea.

García-Longoria Serrano, Mª P. (2000). *El procedimiento metodológico en Trabajo Social*. Editorial J.M. Carbonell Arias.

García-Longoria Serrano, Mª P., y Esteban Palomares, R. (2016). *Análisis y Diagnóstico en Trabajo Social*. Tirant Lo Blanch.

García Salord, S. (1998). *Especifidad y rol en trabajo social*. Grupo Editorial Lumen-Humanitas.

García-Soler, M. J., Cerdá-Lacárcel, A., García-Gil, M. M. y Caravaca-Sánchez, F. (2019). "Adaptación y validación de la versión española de la Dementia Knowledge Assessment Tool 2 (DKAT2-Sp)". European Journal of Investigation in Health, *Psychology and Education,* 9(2), 91–104. https://doi.org/10.3390/ejihpe9020009

Giménez-Bertomeu, V. M., Guinovart-Garriga, C., Rovira-Soler, E., y Viñas-Segalés, N. (2020). *La Escala de Valoración Sociofamiliar TSO: Fundamentos, descripción, validación e instrucciones de uso. Versión 1*. Universidad de Alicante.

Giner, S., Lamo de Espinosa, E. y Torres, C. (eds.) (2006). *Diccionario de Sociología*. Alianza Editorial.

Guillén de Romero, J. C. (2021). "Habilidades del Trabajador(a) Social: Desde la mirada de su acción profesional". *Revista de Ciencias Sociales* (Ve), XXVII (4), 327-340.

Hamilton, G. (1951). *Teoría y práctica del trabajo social de casos*. Editorial Médica Mexicana.

Hernández, M. (2006). "Comunicación y Trabajo Social". En T. Fernández y C. Alemán (Coords.), *Introducción al trabajo social* (pp. 555-588). Alianza Editorial.

Hernández Aristu, J. (2012). "Trabajo social". En T. Fernández, R. De Lorenzo y O. Vázquez (Dirs.), *Diccionario de trabajo social* (pp. 565–568). Alianza Editorial.

Hernández-Melián, A. (2025). "El papel del Trabajo Social en la intervención social con personas trans". *Alternativas. Cuadernos De Trabajo Social*, 32(2), 296–319. https://doi.org/10.14198/ALTERN.27316

Hill, R. (1981). *Nuevos paradigmas en Trabajo Social*. Siglo XXI.

Howe, D. (1999). "Modernidad, Postmodernidad y Trabajo Social". En D. Salcedo (Ed.), *Los valores en la práctica del Trabajo Social* (pp. 137-161). Narcea.

Idareta, F. (2013). "Tras la estela de la responsabilidad ética. Origen y evolución histórico-filosófica de la ética del Trabajo Social hasta la actualidad". *Cuadernos de Trabajo Social*, 26(2), 489-498.

Kisnerman, N. (1998). *Pensar el Trabajo Social. Una introducción desde el construccionismo*. Grupo Editorial Lumen-Hvmanitas.

Kisnerman, N. (2001). "Ética, ¿para qué?". En N. Kisnerman, *Ética, ¿un discurso o una práctica social?* (pp. 107-122). Ediciones Paidós.

Krueger, R. A. (1988). *El grupo de discusión. Guía Práctica para la investigación aplicada*. Pirámide.

Lázaro, S., Rubio Guzmán, A., Juárez Rodríguez, J., Olea, M., y Paniagua, R. (2007). *Aprendiendo la práctica del Trabajo Social. Guía de Supervisión para estudiantes*. Universidad Pontificia de Comillas.

Lorenz, W.A., Havrdrová, Z. y Matoušek, O. (2021). *European Social Work After 1989: East-West Exchanges Between Universal Principles and Cultural Sensitivity*. Springer.

Ley Orgánica 1/1996, de 15 de enero, de protección jurídica del menor. *Boletín Oficial del Estado*. 15, 1225–1236. https://www.boe.es/eli/es/lo/1996/01/15/1

Ley Orgánica 1/2004, de 28 de diciembre, de Medidas de Protección Integral contra la Violencia de Género. *Boletín Oficial del Estado*. 313 https://www.boe.es/buscar/act.php?id=-BOE-A-2004-21760

Ley Orgánica 1/2021, de 24 de marzo, de medidas urgentes en materia de protección y asistencia a las víctimas de violencia de género. *Boletín Oficial del Estado*. 72 https://www.boe.es/buscar/act.php?id=BOE-A-2021-4629

Ley Orgánica 3/2007, de 22 de marzo, para la igualdad efectiva de mujeres y hombres. *Boletín Oficial del Estado*. 71. https://www.boe.es/buscar/act.php?id=BOE-A-2007-6115

Ley Orgánica 8/2015, de 22 de julio, de modificación del sistema de protección a la infancia y a la adolescencia. *Boletín Oficial del Estado*, 175, 61483–61530. https://www.boe.es/eli/es/lo/2015/07/22/8

Ley Orgánica 15/2022, de 12 de julio, integral para la igualdad de trato y la no discriminación. *Boletín Oficial del Estado*. 167. https://www.boe.es/buscar/act.php?id=BOE-A-2022-11589

Ley Orgánica 26/2015, de 28 de julio, de modificación del sistema de protección a la infancia y a la adolescencia. *Boletín Oficial del Estado*, 180, 63050–63125. https://www.boe.es/eli/es/l/2015/07/28/26

Ley Orgánica 39/2006, de 14 de diciembre, de Promoción de la Autonomía Personal y Atención a las personas en situación de dependencia. *Boletín Oficial del Estado,* 299. https://www.boe.es/buscar/act.php?id=BOE-A-2006-21990

Ley Orgánica 40/2003, de 18 de noviembre, de Protección a las Familias Numerosas. *Boletín Oficial del Estado*. 277. https://www.boe.es/buscar/act.php?id=BOE-A-2003-21052

Ley Orgánica 41/2002, de 14 de noviembre, básica reguladora de la autonomía del paciente y de derechos y obligaciones en materia de información y documentación clínica. *Boletín Oficial del Estado,* 274. https://www.boe.es/buscar/act.php?id=BOE-A-2002-22188

Ley Orgánica 45/2007, de 13 de diciembre, para el desarrollo sostenible del medio rural. *Boletín Oficial del Estado,* (299), 51905–51921. https://www.boe.es/eli/es/l/2007/12/13/45

Lima, A. (2009). "La profesión del Trabajo Social". *Revista Servicios Sociales y Política Social*, 86, 9-42.

Lima, A. (2013). "Organizaciones profesionales y deontología: plano nacional e internacional". En L.M. Rondón García, y M.L. Taboada González (eds.), *Voces para la ética del Trabajo Social en tiempos trémulos* (pp. 106-126). Ediciones Paraninfo y Consejo General de Trabajo Social.

López, M. (2020). *Trabajo Social en el contexto familiar: nuevas realidades y enfoques de inter-vención*. Editorial Gedisa.

López Expósito, C. (2021). *El Trabajo Social: una reflexión sobre su situación actual* [Trabajo Fin de Grado]. Universidad Pontificia de Comillas.

López Peláez, A. (2014). *Ética para Trabajadores Sociales*. Editorial Síntesis.

Maroto, A.L. (2006). *Homosexualidad y Trabajo Social. Herramientas para la reflexión e inter-vención profesional*. Siglo XXI.

Márquez, V. y Pomar, F. J. (2002). "La planificación en Servicios Sociales". En T. Fernández, y A. Ares (Coords.), *Servicios Sociales: Dirección, Gestión y Planificación* (pp. 57-72). Alianza Editorial Editorial.

Martínez Rodríguez, J. y Martínez González, M. T. (2018). *Instrumentos del Trabajo Social: aná-lisis técnico y metodológico*. Narcea.

Martínez-Román, M. A. (2012). *Trabajo social: intervención con individuos y familias*. Univer-sitas.

Maslow, A. (1943). "A Theory of Human Motivation". *Psychological Review*, 50(4), 370–396.

Max-Neef, M. (1993). *Desarrollo a escala humana: una opción para el futuro*. Icaria.

McFarlane, J., Parker, B., Soeken, K., & Bullock, L. (1992). "Assessing for abuse during preg-nancy: Severity and frequency of injuries and associated entry into prenatal care". *Jour-nal of the American Medical Association*, 267(23), 3176–3178. https://doi.org/10.1001/jama.1992.03480230068030

McGoldricky, M. y Gerson, R. (1996). *Genogramas en la evaluación familiar*. Editorial Gedisa.

Medina, M. (2001). *Gestión de Servicios Sociales*. Diego Marín.

Miranda Aranda, M., (2013). "El Trabajo Social. Profesión y disciplina. Naturaleza y objeto disciplinar". En M. Miranda (Coord.), *Aportaciones al trabajo social* (*pp.7-32*). Prensas de la Universidad de Zaragoza.

Moix, M. (2006): *La práctica del Trabajo Social*. Editorial Síntesis.

Montero, A. (2017). *Ética profesional para trabajadores sociales*. Ediciones Paraninfo.

Morgado, P. (2014). "Necesidades, problemas y recursos". En: T. Fernández (Coord.), Funda-mentos del trabajo social (pp. 189-2019). Alianza Editorial Ed.

Northen, H. (1982). *Clinical Social Work*. Columbia University Press.

Organización Internacional del Trabajo. (1989). *Convenio sobre pueblos indígenas y tribales en países independientes (Convenio núm. 169)*. https://www.ohchr.org/es/instruments-me-chanisms/instruments/indigenous-and-tribal-peoples-convention-1989-no-169

Organización Naciones Unidas (1948) *Declaración Universal de los Derechos Humanos*. Nacio-nes Unidas.

Organización Naciones Unidas (1958). *Formación para el servicio social: tercer estudio interna-cional*. Naciones Unidas, Departamento de Asuntos Económicos y Sociales.

Organización Naciones Unidas (1989). *Convención sobre los Derechos del Niño.* https://www.ohchr.org/es/instruments-mechanisms/instruments/convention-rights-child

Pain, S. (1984). *El saber y el sujeto: Introducción al enfoque vincular en la tarea institucional.* Ediciones Paidós.

Pérez, M., Llibre, J. J., Guerra, M., Bayarre, H. y Pérez, J. (2006). "Escala de estrés del cuidador familiar (ESTE II)". *Revista Cubana de Salud Pública, 32*(1), 43–52.

Ponce de León, L. y Fernández García, T. (2014). "El conocimiento científico y las bases metodológicas del Trabajo Social". En: T. Fernández (Coord), *Fundamentos del trabajo social* (pp. 249-291). Alianza Editorial.

Ramírez Navarro, J. M. (1990). "La ficha social: un soporte documental básico para los trabajadores sociales". *Servicios Sociales y Política Social, 20,* 110-123.

Ranquet, M. de (2007). *Los modelos de Trabajo Social. Intervención con personas y con familias.* Siglo XXI.

Rapoport, L. (1968). "Creativity in social work". *Smith College Studies in Social Work, 38*(3), 139–16.

Raya-Diez, E., Caparrós-Civera, N. y Carbonero-Muñoz, D. (2018). "Derechos humanos y Trabajo Social: vinculaciones conceptuales y prácticas". *Trabajo Social Global-Global Social Work, 8,* 57–96. https://doi.org/10.30827/tsg-gsw.v8io.6509

Real Academia Española. (2014). *Intervenir.* En Diccionario de la lengua española (23.ª ed.). Asociación de Academias de la Lengua Española. https://dle.rae.es/intervenir

Reamer, F. G. (1993). *Social Work Values and Ethics.* Columbia University Press.

Richmond, M. E. (1917). *Social Diagnosis.* Russell Sage Foundation.

Rodríguez Cebeiro, M. y Díaz Videla, M. (2020). "Las mascotas en el Genograma Familiar". *Ciencias Psicológicas* 14 (1). Universidad Católica de Montevideo.

Rodríguez Martín, V. (2003). "Los recursos sociales". En T. Fernández (Coord.), *Introducción al Trabajo Social* (pp. 383-387). Alianza Editorial.

Roldán, E. (1998). "Los grupos de discusión en la investigación en Trabajo Social y Servicios Sociales". *Cuadernos de Trabajo Social, 11,* 133-144.

Rossell, T., (1998). *La entrevista en el Trabajo Social.* EUGE.

Rubí Martínez, C. (1989). *Introducción al Trabajo Social.* Ed. Escuela Universitaria de Trabajo Social.

Sáez-Olmos, J. (2025). "El Trabajo social en el sistema educativo". En E. Bódalo, C. Caravaca- Llamas y J. Sáez (Coords.), *La innovación social en Trabajo Social* (pp.39-50). Tirant lo Blanch.

Sáez-Olmos, J., Caravaca-Llamas, C. y Molina-Cano, J. (2023). "La familia multiespecie: cuestión y reto multidisciplinar". *Aposta,* (97).

Sánchez, A. B. G., Toset, E. M. J. y Rodríguez, P. M. O. (2017). "Trabajo Social en el ámbito de vivienda: una aproximación a la formación e investigación como elementos de cualificación profesional". *Documentos de trabajo social: Revista de trabajo y acción social*, (59), 208-232.

Sánchez Alvarado, M. (Ed.). (2022). *Serie 1: Trabajo Social y Derechos Humanos: población indígena.* Colegio de Trabajadores Sociales de Costa Rica. https://repositorio.ts.ucr.ac.cr/handle/123456789/590

Sánchez-Rivas, V. (2025). "Trabajo Social en situaciones de emergencias". En E. Bódalo, C. Caravaca y J. Sáez (Coords.), *La innovación social en Trabajo Social* (pp.197-218). Tirant lo Blanch.

Sangrà Boladeres, T. (2021). "Trabajo social como arte: hacia una estética artística del trabajo social". *TS Cuadernos De Trabajo Social*, (21), 27-39. www.tscuadernosdetrabajosocial.cl/index.php/TS/article/view/180

Say, J.-B. (1803). *Tratado de economía política.* Alianza Editorial.

Samuelson, P.A. (1954). *The Pure Theory of Public Expenditure.* The MIT Press.

Sánchez Urios, A., Antolín, N. y Caravaca-Llamas, C. (2024). *Trabajo Social con el Sistema Familiar.* Tirant lo Blanch.

Shek, D. T (2017). "A Snapshot of social work in the Asia-Pacific region". *British Journal of Social Work,* 47 (1), 1-8. https://doi.org/10.1093/bjsw/bcx007

Smilkstein, G. (1978). "The Family APGAR: A proposal for a family function test and its use by physicians". *The Journal of Family Practic*e, 6(6), 1231–1239.

Tonon, G. (2005). *Las técnicas de actuación del trabajo social.* Espacio Editorial.

Towle, C. (1964). *El trabajo social y las necesidades humanas básicas.* La Prensa Médica Mexicana.

Thomson, D. (1990). "La protección social y los historiadores". En Ll., Bonfield, R. Smith y K. Wrightson (Comps.), *El mundo que hemos ganado* (pp. 437-467). Ministerio de Trabajo y Seguridad Social.

Úriz Pemán, Mª. J. (2004). "Modelos de resolución de dilemas éticos en trabajo social". *RTS. Revista de trabajo social*, 175, 6-27.

Uriz Pemán, M. J. y Salcedo Megales, D. (2017). "Presentación del monográfico Ética y Trabajo Social". *Cuadernos de trabajo social,* 30(1), 17-21.

Vallés, M. S. (l999). *Técnicas cualitativas de investigación social. Reflexión metodológica y práctica profesional.* Editorial Síntesis.

Vázquez Aguado, O. (2014). "Naturaleza, fundamentos, concepto, principios, objetivos, objeto y sujetos del Trabajo Social". En T. Fernández (Coord.), *Fundamentos del trabajo social* (pp. 133-160). Alianza Editorial.

Verde-Diego, C. (2024). *Trabajo social e intervención social con personas migrantes.* Editorial Aranzadi.

Verdugo Alonso, M. Á. (2009). *Cómo mejorar la calidad de vida de las personas con discapacidad: instrumentos y estrategias de evaluación.* Amarú.

Wandrei, K. y Karls, J. (2008). *Person-in-Environment. The PIE Clasification Systen for Social Functioning Problems*. National Asociation of Social Workers.

Yaffe, M. J., Wolfson, C., Lithwick, M. y Weiss, D. (2008). "Development and validation of a tool to improve physician identification of elder abuse: The Elder Abuse Suspicion Index (EASI)". *Journal of Elder Abuse & Neglect*, 20(3), 276–300. https://doi.org/10.1080/08946560801973168

Yépez del Castillo, I. (2014). *Fundamentos del Trabajo Social*. Pontificia Universidad Católica del Perú.

Zamanillo, M. T. (2003). *El trabajo social: teoría y práctica*. Trillas.

Zarit, S. H., Reever, K. E. y Bach-Peterson, J. (1980). "Relatives of the impaired elderly: Correlates of feelings of burden". *The Gerontologist*, 20(6), 649–655. https://doi.org/10.1093/geront/20.6.649.